ダンドリ倍速仕事術 100の法則

100 Tips To Speed Up Your Task Management

やるべきことの見える化で "すぐやる人" になる!

コンサルソーシング株式会社

松井順一／佐久間陽子

Junichi matsui / Yoko Sakuma

日本能率協会マネジメントセンター

はじめに

　仕事には必ず目的があります。しかし、みなさんはふだん、その目的を意識して仕事をしているでしょうか？

　ある目的を達成する活動が仕事ですから、目的がない、目的が明確でない仕事に時間を使うことは、時間だけでなく労力やコストの浪費です。

　つまり、目的とは関係がない仕事を行うことはムダだということですです。

　リモートワークが加速度を増している現在、そしてワーク・ライフ・バランスがさらに進展していく今後、ムダな仕事をしていては成果を出すことは難しくなっていきます。

　そうした状況に陥らないためには、ダンドリ力を磨くことです。

　残業せずに成果を出すことがこれからの働き方になります。そのためには仕事の目的と目標を明確にして、最短距離でそのゴールまでのプロセスを計画どおりに進めることです。

　本書では、そのためのアイデアやツールを100項目にわたって紹介しています。それらをそのまま使うのもよし、自分流にアレンジしてもいいでしょう。

　そして自分流のダンドリ倍速仕事術が身についたら、次は仕事の付加価値を高めることを意識してみてください。

　2021年1月

コンサルソーシング株式会社

第1章 ダンドリ仕事力の法則

第2章 タスク管理力の法則

第4章 企画力・問題解決力の法則

第5章 職場の活性化・チーム力の法則

第**1**章

ダンドリ仕事力の法則

より良い方法を考える癖で、仕事術のレベルが上がる

●カギは「もっと良い方法はないか」

　別々にしていた作業を半分にできれば、仕事時間が倍速します。

　例えば、案内状送付では、案内状の作成・印刷をして封筒に入れたのちに住所録データから宛名ラベルを印刷して、最後に封筒に宛名ラベルを貼り付けます。このとき、案内状に記載されている宛名と宛名ラベルの宛先が一致するように宛名ラベルを貼らなければなりませんが、ここで不注意があれば、貼り間違いをするかもしれません。

　こうしたとき、どうすればいいでしょうか？

　その答えは、窓付封筒を使うことです。宛先を印字した案内状をつくり、それを窓付封筒に封入すればいいだけのことです。「な〜んだ、そんなことか！」と思われるかもしれませんが、**これまでの習慣で仕事をしていると、もっと良い方法がないかと考えることに頭を使うことがなくなります。**現在は仕事の仕方を効率化するツールがたくさん販売されていますし、ネット上ではタスク効率化の方法がいくつも紹介されています。そうした環境であることを知り、**「もっと良い方法はないか」と考える癖に自分を変えることで、より良い仕事術が発見できるようになります。**

[　固定観念にとらわれるな！　]

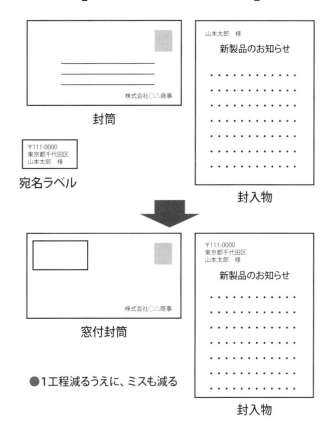

もっと良い方法はないか　➡　改善の視点で現状のやり方
を見直してみる！

具体的行動

　仕事をもっとやりやすくする、早くする方法はないかを考える癖を
つけ、参考になりそうな仕事ツールや仕事術を試してみる。

ルーティンワークの習慣で、すぐに仕事モードに入れる

●ルーティンワークを見える化する

　日米のプロ野球で活躍したイチロー選手はバッターボックスに入るとピッチャーにバットを立てて構えることをルーティンにしていました。これは目のピントを合わせ、集中力を高めるための動作だったそうです。

　私たちの日常業務もルーティン化すると仕事のバラツキがなくなります。朝出社したらその日の予定をスケジュール帳を見て確認。事務作業やメールのチェックなどをしたのち、営業に出たりその日のドメインの業務処理をする。昼食や休憩を挟み、仕事を続け、退社前の5分を使って机上の片付けをしてから会社を出る。毎日が同じパターンで仕事できることはないでしょうが、**毎日やるべき作業は時間帯を決めておく、つまりルーティン化しておくとスムーズに仕事モードに入れます。**

　こうした**ルーティンワークはメモ書きでいいので見える化しておけば、ルーティンワークの習慣化にもなります。**さらに、デスクワークをするときに探し物で時間が取られないように、作業に必要なものの置き場所は固定し、迷わずにモノの出し入れができるようにしておくとより効率的な仕事スタイルが身につきます。

[ルーティンワークを見える化する！]

(ルーティンワークのメモの例)

今週のMyルーティンワーク

□企画書作成
□見積書作成
□社内での承認を得る
□商談機会の設定（アポ取り）
□商談
□クロージング
□報告書の作成

MEMO

今日やるべきことや1週間の重要テーマのメモを見ることで、仕事のダンドリが具体化できる！

具体的行動

　自分の仕事時間がどのようになっているか、1週間程度記録を取り、ルーティンワークの時間帯を基準に効率的な時間管理を考えてみる。

別々の作業の統合化で、やるべきことが簡略化する

●これまでのやり方を疑ってみよう

仕事を早めるにはムダなことを極力排除することのほかに、別々の作業を統合して効率化するという方法もあります。とくに、プロジェクトなど開始から終了まで一連のプロセスによる仕事の場合、そのプロセスを短縮する方法はないかを考えてみます。

仕事というものは慣れた方法をそのまま続けていると思考停止状態となり、もっとより良くしようという意識が生まれてきません。**ダンドリ力を上げるには、これまでのやり方を疑ってみるというのが基本スタンスになります。**

これを、訪問提案型営業の改善で考えてみましょう。訪問先を増やすための「訪問プロセス」では、事例紹介セミナーを行い、もっと多く訪問先開拓となる改善案を考えます。その次の段階の「提案プロセス」では、顧客の要望をより具体的にするための方法についての改善案を考えます。これだと訪問プロセスと提案プロセスが別々に行われることになりますが、この2つを一緒にできないかを考えてみます。この場合、事例紹介セミナーで参加者へのアンケート行えば、その場で顧客の要望を把握することができ、やるべきことが同時化します。

[　仕事のプロセス改善を考える！　]

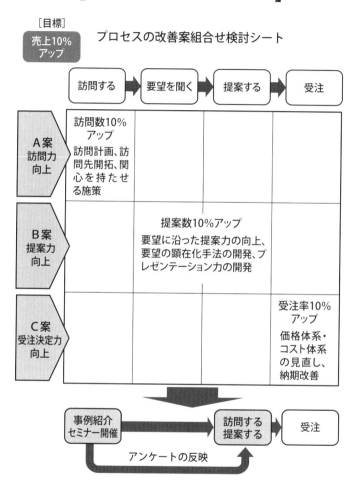

[目標]
売上10%
アップ

プロセスの改善案組合せ検討シート

	訪問する	要望を聞く	提案する	受注
A案 訪問力 向上	訪問数10% アップ 訪問計画、訪問先開拓、関心を持たせる施策			
B案 提案力 向上		提案数10%アップ 要望に沿った提案力の向上、要望の顕在化手法の開発、プレゼンテーション力の開発		
C案 受注決定力 向上				受注率10% アップ 価格体系・コスト体系の見直し、納期改善

事例紹介
セミナー開催 → 訪問する
提案する → 受注

アンケートの反映

具体的行動

　これまで伝統的に行われてきた作業手順などはそのやり方を疑い、より良い方法はないかを考えてみる。

PDCAを回し続けていると、業務遂行力が高まっていく

●仕事の軌跡を記録して見える化しよう

「急がば回れ」と言われるように、拙速に仕事を片付けるのではなく、手を抜かずにきちんと手順を踏むことが最終的には良い成果を生み続けることになります。ダンドリ上手と言われる人の多くが、自分流の仕事術を身につけるまでは労を厭わず、丁寧に何度もルーティンを繰り返しているものです。

そうした人はPDCAにおいても手を抜かず、各プロセスを踏襲しながら、スパイラルアップ的にPDCAを回し続けます。ただし、**計画を立てたらすぐに実行して評価し、反省すべき点や気づいた点を仕事の改善に活かし、業務遂行力を高めていくのです。**

はじめのうちはPDCAをたくさん回せといってもなかなかうまくいくものではありませんが、**何度もPDCAを回しているうちに経験知が業務遂行力に変わり、仕事のレベルアップが実感できるようになります。**

そこでダンドリ上手になるために、意識してPDCAを回し続けてください。**PDCAを習慣化するには手帳やノートにPDCAの軌跡を記録し、いつでもやったことを見える化しておくことです。**仕事が見えることでモチベーションも高まります。

[PDCAを回し続ける！]

P（計画）→D（実行）→C（評価）→A（改善）という4段階の経験を
次の計画に反映していくことで業務遂行力を高める！

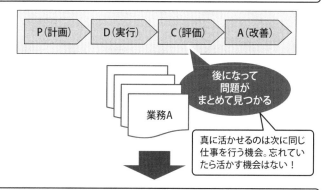

PDCAを一度回しただけでは、業務遂行力が継続的に高まる
ことは期待できない

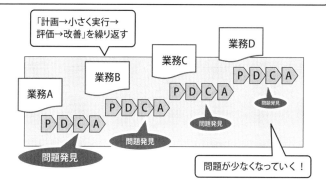

PDCAをたくさん回すと業務遂行力は飛躍的に高まる

具体的行動

　PDCAの習慣化のために、手帳やノートを使って、計画したことを
どのように実践し、仕事の改善に結びつけているかを記録する。

新たなチャレンジは、失敗から学ぶ姿勢が大事

●**失敗要因を分析し、次に活かそう**

　新しい仕事にチャレンジする姿勢としては、「絶対に成功するんだ！」と意気込むことが多いと思います。しかし、成功から学ぶよりも失敗から学べることのほうが多いのではないでしょうか。

　それというのも、成功したらその成功要因を分析する人はいるかもしれませんが、どちらかというと成功に浮かれて、あまり詳細には分析しないものです。一方、失敗は二度と繰り返したくないので、その失敗要因を詳細に分析することで、次の仕事の反省材料として活かせます。多くの成功者が語っているように、**失敗を潔く認めて、なぜ失敗に至ったかを省みることが仕事をステップアップさせるためにはとても大切なことなのです。**

　そこで新たな仕事を行うときには、完璧や完勝を目指すよりも、できることから速やかにはじめ、初めての仕事なのだから失敗してもいいぐらいの気持ちで肩肘張らないことです。

　もし失敗したらその原因究明は必ず行います。そのときに使えるツールが、122ページで紹介する４Ｍ（人、機械、材料、方法）です。「人の問題」「機械や設備の問題」「材料や内容そのものの問題」「実行方法の問題」などから分析していきます。

[　失敗原因洗い出しシートの例　]

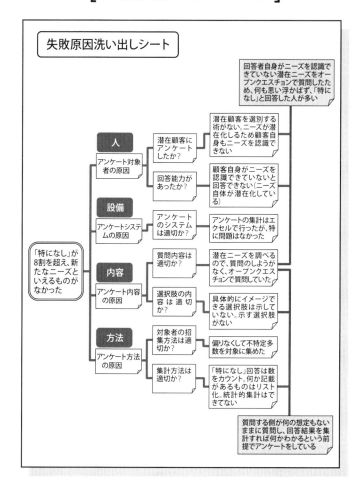

具体的行動

　新しいことへの挑戦では速やかに実行し、失敗したらその原因分析と記録を行い、次の仕事に活かす。

入力と確認をペアで行えば、ミスゼロ仕事がすぐできる

●「ペア作業」を活用する

　販売データなどパソコンを使った入力作業では入力ミスが常に付きまといます。これをひとりでやると、売上伝票を見ながら入力し、入力データが合っているかを売上伝票を見て確認し、入力後にすべてのデータの入力が正しいかを検証するのが一般的だと思います。こうした入力作業のダンドリ術として取り入れたいのが、「ペア作業」です。

　ペア作業とはシステム開発の際に行われる手法のことです。プログラミングコードを書く人と指示する人がペアとなり、1台のPCで作業することで入力ミスの撲滅や作業途中での不明点等を双方で確認することで問題解決ができるメリットがあります。

　ペア作業を日常の事務処理等に活用することで、ダブルチェックによるミス防止や手戻りがなくなり、作業スピードの向上を図ることができます。具体的なやり方は、「入力をする人」と「それを確認する人」がペアとなり、同時に入力と確認を進めていきます。1つの作業を2人で行うので単純に考えれば、作業時間は半分に短縮できます。ただ時間短縮のメリット以上に、ミス防止に有効な方法といえます。

[ミスを減らすためのペア作業！]

1人で動作と判断を同時に行っているとミスが発生しやすい！
ミス対策のためにダブルチェックを実施する！

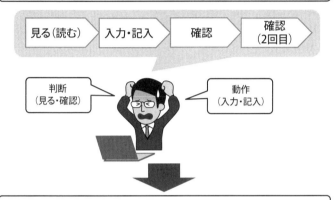

ペア作業で動作と判断を分離してミスを防止し、修正や2回目の確認をなくす！

具体的行動

　ミスゼロが必須の事務処理についてはペア作業を行える態勢をつくり、チームワーク向上にも活用する。

経験のリアルタイムメモが、仕事力を高める

●経験したこと感じたことをすぐにメモしよう

　仕事の手順は手順書など共有のものがないかぎり、人それぞれ違います。ダンドリ良い人は計画的に仕事を進めていきますが、新人や新任者などその職場での業務経験の浅い人は自分の流儀を身につけるまで、思ったように仕事を進めることができません。

　つまり、「ダンドリ良い」とは業務経験を仕事に必要な知恵としてストックできているということです。よって**仕事力高めるには、経験したことを知恵にできるかどうかがカギを握ります。**

　経験を積むといっても、漫然と仕事をしていてはなかなか知恵にはなりません。**大事なことは、仕事で経験したことは記録に取る習慣です。**成功したこと、失敗したこと、疑問に思ったこと、啓発された出来事などをメモ帳や手帳に記録していきます。できれば、リアルタイムで記録するのがいいですが、1日の業務終了前などでもいいでしょう。そして、**それを見返す習慣、これを続けることがとても大事になります。**

　「仕事ができる！」と言われる人ほど、メモ魔であるといわれます。経験したこと感じたことをメモしてそこから気づきを得て次に活かすことを自然と習慣にしているからです。

[　メモする習慣を身につける！　]

スケジュール帳に気づいたことをメモする
メモ型ふせんで気づいたことをすぐにメモしてスケジュール帳に貼っておく

WCAサイクルでメモの達人になる！

●WCAサイクルのプロセス

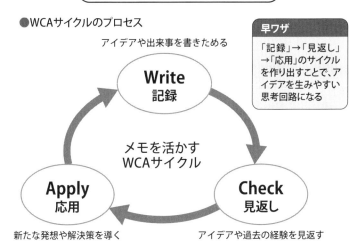

アイデアや出来事を書きためる

Write
記録

メモを活かす
WCAサイクル

Apply
応用

新たな発想や解決策を導く

Check
見返し

アイデアや過去の経験を見返す

早ワザ
「記録」→「見返し」→「応用」のサイクルを作り出すことで、アイデアを生みやすい思考回路になる

WCAサイクルの利点

・物事に対する関心が高まり、情報に対するアンテナが広がる
・業務の見直しや予測、企画力のアップにつながる
・メモを定期的に見返す習慣がつき、改善力が高まる

> メモ力をさらに強化するには、キーワードに対する自分の意見や仕事での応用場面などを書き添える！

具体的行動

　今日からすぐに経験したことや感じたことをメモする習慣にし、そのメモからの気づきをこれからの仕事に活かす。

「7つのムダ」の視点で、作業の改善を図る

●トヨタ生産方式から生まれた仕事術

　ダンドリよく仕事をはかどらせるうえで大切なことは、ムダの排除です。そしてムダの排除は単に仕事を効率化させるだけではなく、付加価値を生まない仕事をしない習慣化にもなります。

　ムダの排除のためにトヨタの生産現場から生まれ、多くの製造業で活用されている視点に「7つのムダ」があります。この7つの視点はオフィス業務に置き換えても使えます。

　①**やりすぎのムダ**（作り過ぎのムダ）：要求されない作業や必要のない作業を行うムダ。

　②**手待ちのムダ**：上流工程からの作業待ちになっているムダ。

　③**情報伝達のムダ**（運搬のムダ）：必要以上の情報量のムダ。

　④**作業そのもののムダ**（加工そのもののムダ）：必要以上に作業することのムダ。

　⑤**作業待ちのムダ**（在庫のムダ）：処理されずに滞留してる仕事のムダ。

　⑥**動作のムダ**：モノを探す時間や手順を無視したムダ。

　⑦**作業ミスのムダ**（不良を作るムダ）：作業ミスとその処理のムダ。

[「7つのムダ」から仕事を振り返る！]

ムダの視点	説　　明
やりすぎのムダ（作り過ぎのムダ）	要求のない作業や必要のない作業を行うムダ。 仕事の進み過ぎ、過剰人員、作業負荷の平準化ができていなことから発生。
手待ちのムダ	作業ができずに待っているムダ。 工程間、作業者間のバランスが悪く待ってしまう。回答待ち、資料待ち、情報不足、ミスなどにより待っている。
情報伝達のムダ（運搬のムダ）	管理者・担当者間・工程間の冗長な情報伝達のムダ。 組織体制のまずさ、工程の細分化、作業に必要ない管理のまずさによる伝達作業が発生。
作業そのもののムダ（加工そのもののムダ）	必要最低限以上の作業のムダ。 作業は付加価値ある行為と思い込み、その作業そのものが必要なのかという疑問を持たないことにより発生。
作業待ちのムダ（在庫のムダ）	処理されず待っている作業案件のムダ。 工程間、作業者間のバランスの悪さにより発生。納期遅れやミス、やり直しを恐れてベテランの前に溜めてしまう。
動作のムダ	付加価値のつかない動作のムダ。 作業者任せで動作分析しないままの作業設計や作業環境が不安定な状態での作業により発生。
作業ミスのムダ（不良を作るムダ）	作業ミスとその処置のムダ。 ミスの粗探しばかりしている、1回の処理サイズが大きく大量ミスを生むなどにより発生。

具体的行動

　これまでの仕事のやり方を振り返り、「7つのムダ」がなかったかを検証してみる。

16大ロスの視点を使えば、
自分と職場のムダがわかる

●ムダを見つけて排除する

　**ダンドリよく仕事をするには、まずは収益に結びつかないムダ
な業務を徹底的に排除することです。**ムダな業務は生産性を下げ
ると同時にムダなコストの発生源です。本来やらなくてもいいこ
とですので、その浮いた時間やコストを意味のある業務に振り向
ければ、一気に生産性と収益性が改善します。

●16大ロスとは

　ところで、常に生産性の向上が求められる製造業の現場では、
生産活動の効率化のための視点として「**16大ロス**」が使われて
います。これは業務を16の視点から見てロス（ムダ）を洗い出
すもので、体系的かつ網羅的にロスとなる業務とその原因を発見
するための便利ツールです。

　16大ロスは業務のロス（ムダ）を網羅しているので、これを
そのまま右ページの表のようにオフィスワークなどに読み替えて
使うことができます。

　改めて強調しますが、**ダンドリ仕事をするうえで大事なこと、
それは徹底的にムダを排除することです。**

[16大ロス読み替え表の例]

16大ロス読み替え表

16大ロス	読み替え例	具体例
故障ロス	故障のムダ	機器の故障やソフトの不具合
段取り・調整ロス	ダンドリ不備のムダ	準備や手順の不備による時間のかかり過ぎ
刃具ロス	交換のムダ	インクなど消耗品の頻繁な交換
立上がりロス	再稼働のムダ	始業や休憩後の仕事モードに入るまでの時間
チョコ停・空転ロス	突如中断のムダ	集中が途切れる周囲からの声がけなど
速度低下ロス	速度低下のムダ	通信速度や配送などスピード化への対応の遅れ
不良・手直しロス	慢性不良のムダ	同じミスの度重なる発生
シャットダウンロス	稼働停止のムダ	棚卸しやレイアウト変更などでの一時的な稼働停止
管理ロス	手待ちのムダ	指示や連絡の遅れから起きる作業待ちの状態
動作ロス	動作遅滞のムダ	実行するまでに時間がかかり過ぎている状態
編成ロス	手順未整備のムダ	チームで作業するときの手順の未整備
自動化置換ロス	自動化未導入のムダ	ITに代替可能な作業の放置
測定調整ロス	確認過多のムダ	ムダな確認や調整から起こる時間のロス
歩留りロス	作業滞留のムダ	着手から完了までの間にムダな作業待ちがある状態
エネルギーロス	過剰労力のムダ	必要以上に時間と労力をかけて仕事をする状態
型・治工具ロス	過剰資材のムダ	ムダな用具や設備を購入する金銭的なムダ

具体的行動

16大ロスの各視点を参考に、いまの自分の仕事や職場の業務にはどんなロス（ムダ）があるのかを探してみる。

必要な分だけ処理する習慣で、ミス防止力が高まる

●「その日の仕事はその日のうちに」を習慣化する

　伝票処理や事務処理などでは、作業が中断して再開するときにミスが発生しやすくなります。例えば、発注処理をするために書類トレーに入っている発注書をデスクに持ってきて作業したとします。その日の作業が終了してデスクに伝票が残っていたとしたら、最初に持ってきた伝票が処理数より多いのかもしれません。処理の途中でトラブルが発生して中座したままにしていたため、机上に伝票が残っている場合もあります。

　この状態を続けることがミスの誘発につながります。作業中断後の再開時に数を間違えたり、終わっていると思って未処理となったり、敢えて保留にしたことを忘れて重複して処理したりすることがあるからです。

　事務処理のうち単純作業をするときは、その日のうちに終了させたい必要分だけを持ってきて作業し、時間に余裕があるときは追加作業するような仕事スタイルにするとミスの低減につながります。**仕事は、平準化することが仕事上手への近道です。**「できるときにやれるだけやる」という人もいますが、これだと仕事にムラが生じることになりかねません。

［　その日の仕事はその日のうちに！　］

仕事は「量」ではなく、「質」で考える!

あなたはどっち？

「時間あたり、いくら稼ぐことができるか?」
と自分の仕事を捉えてみることで「量」から
「質」への意識に変わる!

仕事ができる人ほど若手のうちは多忙!
「人より多く仕事をする➡経験値が上がる➡効率よく仕事が
できるようになる➡時間ができてより多くの仕事ができる➡
さらに経験値が上がる」……このサイクルが回って初めて、
「量」から「質」の仕事に変わる。

具体的行動

　処理作業は決められた時間に処理すべき必要な量を着実に終了させ
る仕事習慣を身につける。

ムダな作業をやめることが、付加価値と生産性を高める

●その仕事は顧客にとって必要なことか？

　「効率」と「生産性」という言葉について考えてみたいと思います。「効率」は、時間の短縮やコストの削減といったように「減らす」イメージがあります。一方の「生産性」は、価値を生み出すように「増やす」イメージがあります。いま、ビジネスで重視されるキーワードが「価値創造」です。「低価格・低コスト」も大切なことですが、減らす程度では付加価値は生まれません。

　この付加価値を高める方法ですが、最も手っ取り早いのがムダな仕事を排除することです。自分にとっては必要と思っても、顧客には価値提供となっていない仕事は顧客にとってはムダな仕事でしかありません（ここでいう「顧客」は職場内の関係者も含みます）。

　例えば、何日もかけて作り込んだ重厚な提案書よりも、ポイントをＡ４用紙１枚に的確にまとめて口頭説明で済むのなら、それを読む顧客と作り手双方にとって時間の節約になります。

　「顧客にとってムダな仕事（非正味の仕事）」をやめて、「顧客が価値を享受できる仕事（正味の仕事）」を増やすことがより良い働き方、つまりダンドリの良い仕事術につながっていきます。

[　ムダの排除が生産性向上の早道！　]

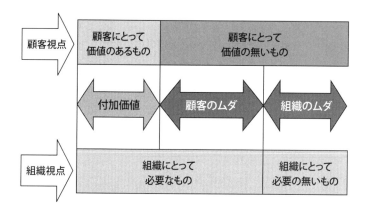

	正味	非正味
考え方	・顧客に対して直接的に価値を提供している本業としての仕事 ・本業の品質・コスト・納期を直接左右する影響力の大きい支援的な仕事 ・遵法性、社会性に関わる仕事	・組織運営上必要なコミュニケーション・監視・管理の仕事 ・管理まずさやミスなどから発生した付帯的な仕事またはフォロー仕事 ・慣例による仕事
事例	・営業での顧客へのヒアリング ・提案書作成と提案 ・商品の企画・設計・評価 ・顧客問合せ対応、サポートデスク ・契約書作成・締結 ・請求・支払い	・ヒアリング結果の儀礼的報告会 ・提案書の無意味な検討会議 ・提案書や企画書の修正・やり直し ・同一顧客からの再問い合わせ ・契約書の変更 ・過払い処理

具体的行動

　いまある仕事を「非正味の仕事」と「正味の仕事」に分類し、やめることと続けることを決める。

やるべきことの見える化で、ダンドリ力は磨かれる

●「ダンドリチェックリスト」をつくる

　完了期限までに仕事を終わらせればいいとして、ダンドリを考えずに作業して納期ギリギリになり時間が足りなくなったという経験、ありませんか？　こうした仕事への姿勢では業務遂行能力はなかなか上がっていきませんし、成果も成り行き次第ということになりかねません。また、集中力を欠いた仕事は作業が思うように進みませんし、ミスにも気づきにくくなります。ミスがあれば修正に時間が取られます。

　無計画で漫然とした仕事の仕方はムダな時間を増やすだけです。それを避けるには、完了期限までに何をやるべきか、「ダンドリチェックリスト」を使うことです。

　人はやるべきことが見えることでモチベーションが上がり、スタートダッシュを早く切ることができます。この姿勢をつくるのが作業開始前に準備しておく「ダンドリチェックリスト」です。

　やるべき項目や準備しておくべきことを箇条書きにし、その日の仕事を始める前にこのリストを確認します。準備はたったこれだけです。これをカード化してポケットに入れておけば、仕事の進行管理表に使えます。

[ダンドリチェックリストで時間配分をする！]

（ ダンドリチェックリストの例 ）

今日やるべきこと
6/1（月）

□A社用企画書作成　1時間
□B社営業報告書作成　30分
□C社見積書作成　20分
□課長への確認
□営業会議資料作成　1時間
　□競合動向調べ　15分
　□前月売上実績確認　15分
　□当月売上予測確認　15分
　□報告書作成　15分

MEMO

その日にやるべきことをすべて書き出し、終わったらチェックしていくことで、心理的に安心感が生まれ、仕事へのモチベーションも上がる！

具体的行動

　翌週にやるべきことや翌日にやるべきことを小さなカードに箇条書きにして列挙して、「ダンドリチェックリスト」として使う。

物事の判断根拠を示せば、理解されやすくなる

●「行動記録型チェックリスト」で確認事項の記録を残す

　仕事の完了確認や進捗管理などでは、チェックリストを使うことでヌケモレ対策を行ったりします。一般的によく行われているのが、チェック項目を見て確認し、レ点を入れて記録を残す方法です。しかし、**結果だけを記すチェックリストは「できている」もしくは「できていない」は確認しますが、何をもって確認したか、どうやって確認したかなどは問われないので、何かを学び取ることには向いていません。**

　例えば、仕様書に「変更があったか？」との問いに「あった」「なかった」の2つのチェック項目しかなくて、仮に「あった」にチェックを入れただけでは変更内容などはわかりません。

　そこでYes、Noを確認するだけでなく、その内容もわかるようにするには「行動記録型チェックリスト」が有効です。これは確認結果をレ点で記録するだけでなく、確認対象と確認箇所／方法まで記録するツールです。確認箇所と方法まで明確にするため、チェックするときの判断の根拠がわかります。**確認事項は何をもって判断したのかがわかるようにすることが自分も周囲も納得して仕事をするうえで大切なことです。**

[　行動記録型チェックリストの例　]

行動記録型チェックリストで中身まで確認させ検出力を高める！

契約書作成作業確認チェックリスト

契約書名 XYZ社向けABC商品売買契約書	営業担当 佐藤	購買担当 松山	契約担当 小谷
確認項目	確認	確認対象	確認部位／手段
最新の仕様変化の有無を 仕様書に入手して確認したか	☑	7/29付仕様書	変更履歴日付
最新の仕様変化の有無を 営業担当者と話して確認したか	☑	営業担当の佐藤	9/25電話にて
最新の見積書を入手して 契約金額と納期を確認したか	☑	8/15付見積書	見積金額と 回答納期
営業担当者と話をして契約金額と 納期の変更または保留の有無を確認したか	☑	営業担当の佐藤	9/25電話にて
顧客からの注文書によって、 契約範囲、金額、納期の確認をしたか	☑	9/20付発注メール	営業の佐藤の メールの転送
外注先の納期回答が 問題ないことを確認したか	☑	9/19付外注からの 回答メール	購買の松山の メール転送
外注先の委託の意思を エビデンスありの形で確認したか	☑	9/20付外注からの 回答メール	購買の松山の メール転送
法務部の契約事項レビューは行ったか	☑	9/13付法務部レ ビュー報告メール	営業の佐藤の メールの転送

確認対象や確認部位／手段を記録し、中身を十分に確認する！

具体的行動

仕事の進行確認などをするときにはできたかどうかだけでなく、その判断の根拠や方法も記録として残す。

作業の流れを逆算すると、合理的に組み立てられる

●アップストリーム型作業手順

　仕事の手順を考えるとき、おおよそその概要を知っていれば、仕事の流れの順番に作業を書き出すことができます。この方法を筆者は「ダウンストリーム型作業手順」と呼んでいます。

　しかし、これまで経験のない作業を始める場合、ダウンストリーム型ではヌケ・モレが起きたり、想定外の作業に手間取り、完了させるまでいろいろと問題が発生しかねません。

　そこで、**これまで経験したことのないような仕事をうまく軌道に乗せるには、まずその仕事のゴール（目標）を確認します。**例えば、「新入社員のための営業教育セミナー」を開催することがゴールだとすると、セミナーの開催に必要な主な作業を1つ1つ書き出し、そのゴールからやるべきことをさかのぼって考えていきます。これは作業プロセスを川下から川上に向かわせることから「アップストリーム型作業手順」ということになります。このとき、1つ1つの作業をカード化して並べていくとわかりやすいです。

　「アップストリーム型作業手順」は目標管理やプロジェクト管理でよく使われる手法ですが、これにより仕事の流れのつながりが合理的にわかるようになります。

［　作業手順を合理的に進める方法　］

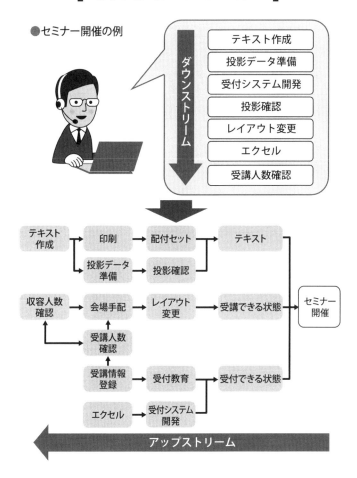

●セミナー開催の例

具体的行動

　作業手順を考えるとき、まずはその仕事のゴール（目標）を確認
し、必要な作業を書き出して合理的に並べて実行していく。

作業手順のチェック票で、仕事の徹底力が高まる

●行動確認型チェック票をつくる

　仕事の手順書は仕事を覚えたての頃は見ていても慣れてくれば、机の中にしまわれたりします。毎日行う作業であればルーティンとなり手違いは起きないかもしれませんが、たまに行う場合や手順が変わった場合は注意が必要です。

　こうしたとき、**作業のヌケやモレが起きないように、作業を確実に行ったことが確認できるチェック票があると便利です。**実施日や作業者、実施予定事項とそれが実際に行われたかをチェックする欄、その作業で気づいたことや注意点、反省点などの項目が記された行動確認型のチェック票です。

　人はやることが頭ではわかっていても、ヌケやモレを起こすことがあります。モノづくりであれば手順は身体が覚えているのでヌケやモレがあれば途中で気づきますが、事務作業など頭が覚えている仕事は途中が抜け落ちていてもわからないことがあります。そうしたうっかりミスをなくすのが行動確認型チェック票です。

　これを使えば、手順に沿って記された項目を実施したかどうかが見える化でき、しかも実施事項だけでなく、作業上の気づきが記録として残せるので、仕事の改善にも役立ちます。

［　行動確認型チェック票の例　］

外部委託プロセス管理シート（9月分）

202X年8月1日

	承認	確認	作成

対象サービス／プロセス	対象システム
202X年度法改正対応 税計算修正開発委託	医療機関向け会計システム

開発委託先と委託範囲	開発期間と開発工数
ABC株式会社（名古屋市） 税計算モジュールの開発	202X年9月1日〜202X年12月14日 6.5人月

管理点と項目	確認証跡	提出評価	適切評価
・要件定義の合意の確認	202X年改正消費税の要件確認	○	○
・計算式の手計算による検証の確認	新たな消費税率で計算確認	○	○
・システム設計書の変更確認	消費税率の変更確認	○	△→○
・テスト仕様書の変更の確認	新消費税率でのテスト項目追加		
・			
・			
・			
・			

徹底したい手順

指摘事項	処理結果
システム設計書の変更確認　202X.7.15 税計算モジュールではない金利計算モジュールの一部変更が必要なことが判明	契約範囲に金利計算モジュールを含めるとともに、金利計算モジュールの経験者を開発メンバーに入れる体制変更をした

具体的行動

　手順書が必要な業務については「行動確認型チェック票」を用意し、ヌケ・モレのない仕事習慣をつくる。

机上ゼロ帰宅の習慣化で、探す時間のムダがなくなる

●整理整頓法をルール化する

　オフィス業務のなかで最もムダな時間、それは「モノを探す」時間です。オフィスサプライサービスの大塚商会の調査によると、1人のビジネスパーソンが1年間にモノを探す時間はおよそ150時間だそうです。1日8時間労働としておよそ1年間にまるまる19日もモノを探している計算になります。

　そのムダを防ぐシンプルな方法が机上ゼロ帰宅です。これを習慣化するには、次の3点を踏まえます。

　①**「使ったらしまう！」をルール化**：使った資料やデータは、元のファイルやフォルダーに戻すことをルール化する。

　②**保管場所をルール化**：ファイルや文具類は決まった場所に保管し、その「定住場所」に必ず戻すようにする。文具類などいくつか重複するものは基本は1つだけを定住場所に置き、それ以外のあふれたものは保管用の箱にストックしておく。

　③**「文書類はデータにする！」が基本原則**：紙で保管しなければならない文書以外はデータ化することを基本原則にし、グループウェアの共有ファイルで管理する。このとき、文書の種類に応じて保管期限を決め、その期限が過ぎたら廃棄する。

[　整理整頓のルールをつくる！　]

①「使ったらしまう！」をルール化
②保管場所をルール化
③「文書類はデータにする！」が基本原則

製造業の「5S」の活用

日本の製造業の現場で導入されている「5S」とは、
整理・整頓・清掃・清潔・しつけの頭文字から名付
けられた、モノのムダ、人の動きのムダ、時間のム
ダ、スペースのムダを省くための仕組みのこと。

●5Sの基本

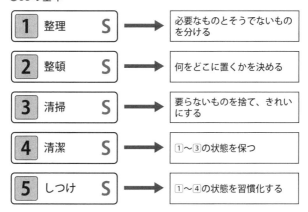

1 整理 S	→	必要なものとそうでないものを分ける
2 整頓 S	→	何をどこに置くかを決める
3 清掃 S	→	要らないものを捨て、きれいにする
4 清潔 S	→	①〜③の状態を保つ
5 しつけ S	→	①〜④の状態を習慣化する

整理の基本は、「取り出しやすいこと」「戻しやすいこと」。そのために、どこに何があるかわかりやすくしておくことだ！

具体的行動

　「使ったらしまう！」「定住場所を決める！」「文書類はデータ化する！」の３点を徹底する。

片付け上手な人は、「できる人」だと評価される

●「帰宅前5分片付け」のススメ

　机上や机周りにモノがあふれているような状態のままにしていると、そこにさらにモノを置くことが平気になっていきます。これがエスカレートすると、どこに何があるのかがわからなくなったり、重要な資料を紛失したりします。

　逆に、使ったらしまうが徹底されていると、机上にモノが置いてあったりしたらそれだけで違和感を覚え、どうしても片付けたくなります。

　整理整頓はモノを探すムダがなく、余計なモノを増やさないという意識も働きます。非常に精神衛生的にも良いことです。

　こうした整理整頓された状態にするためには、その日の仕事が終わったら必ず片付ける習慣ですが、このときに使いたいワザが「帰宅前5分片付け」です。

　終業時間前の5分を片付けタイムとしてタスクに組み込むのです。毎朝ラジオ体操をする職場がありますが、あれと同じように5分片付けを仕事の一部にしてしまうのです。翌日、出勤したときに机周りがきれいな状態だとやる気が湧きますし、周囲から「仕事ができる人」と見られるようになります。

［　時間を決めて片付けを習慣にする！　］

終業前5分の片付けのススメ

①机上ゼロの状態にする

②モノの保管場所を定位置にする

③作業中はそれらを大胆に机上に出して使っていい

④帰宅前の5分の片付けタイムで出したものを元の
　場所に戻す

⑤これを習慣化し、片付けを常態化させる

1日の仕事の区切りを
つけるためにも有効な
習慣！

メールの片付けも帰宅前に行いたい。後でまとめて整理すれ
ばいいやと思っているといつの間にか溜まっていってしまう。

具体的行動

　まず机上ゼロの状態に整理整頓し、その状態を維持するためのルー
ルを決めて、帰宅前5分を片付けタイムにする。

押し出しファイリングなら、整理の負担が大幅に減る

●究極の「超」整理法

書類の整理はダンドリ仕事のうえでとても重要ですが、これに時間と労力を費やすわけにはいきません。できれば、自動的に整理できればこれに越したことはありません。 そんな方法があれば苦労はしないよと言われそうですが、その方法、あります。

経済学者の野口悠紀雄氏が著書『「超」整理法』（中公新書）で実践している方法として紹介した「**押し出しファイリング**」です。

その方法は、まず、上部（フタを折り返した部分）を切り取った角形２号封筒（Ａ４サイズが入る大きさ）を用意します。その封筒に入れる書類の日付と内容を封筒の端に書き、書類棚などのファイルの保管場所に、日付と内容が見えるように右から左に順番に並べます。１つの封筒に１つのプロジェクトの書類を入れるのが基本です。そして、その一度取り出して使った封筒（書類）は左端に戻します。新しい封筒も左端にファイリングします。

こうすることで、最近使った書類は常に左端に寄せられることになり、書類整理における時間的コストだけでなく、精神的コストの軽減にもなる「超」便利法です。

[　押し出しファイリング　]

「押し出しファイリング」のやり方

①角形2号封筒の上部を切り取る

②ファイルした日付とタイトルを封筒の端に書く

③その封筒を縦置きにし左から右へ並べる

④取り出して使い終わったら、左端に戻す

⑤使う頻度の少ないファイルほど右側に溜まっていく

⑥右側に長く置かれているファイルは廃棄などの処理に回す

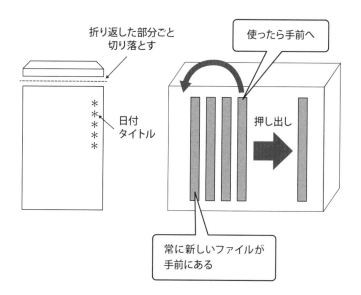

具体的行動

　押し出しファイリング用の角形2号封筒を用意し、手元にある書類をそれに入れて書類棚等にファイルする。

文書や資料の縦置きで、探すムダがなくなる

●探す時間のムダを省ける

整理整頓できていないデスクに共通しているのが、資料やファイルが積み上がっている状態です。

紙の資料はファイルにとじて縦置きするようにしようと言われるものの、なかなか実践できないのはその意義や効果の理解がないことに原因があるようです。そこで改めて縦置きする意味を確認してみましょう。

①整理することで探すムダがなくなる

資料をファイルにとじて縦置きしておけば、ファイルの背の表題から探しやすく、出し入れに手間取りません。また、書棚の本のように整理して並べられ、管理が容易です。

②資料の紛失防止になる

当たり前のことですが、とじて所定の場所に縦置きしておけば資料の紛失防止になります。

③仕事の進捗管理に役立つ

仕事の進捗ごと（着手前、処理中、承認待ち、完了など）に並べておくことで、仕事の流れが見える化し、必要の都度、目的のファイルをすぐに取り出すことができます。

［　書類は縦置きが基本　］

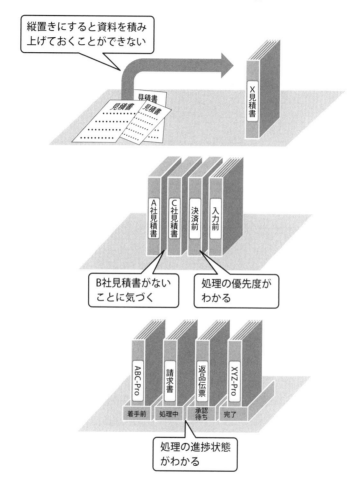

縦置きにすると資料を積み上げておくことができない

X見積書

見積書　見積書　見積書

A社見積書　C社見積書　決済前　入力前

B社見積書がないことに気づく

処理の優先度がわかる

ABC-Pro　請求書　返品伝票　XYZ-Pro

着手前　処理中　承認待ち　完了

処理の進捗状態がわかる

具体的行動

　机上に置いたままの資料はファイルにとじ、項目名をファイルの背に入れて縦置きする。

色と連番で整理整頓すると、異常を発見しやすい

●「色」と「連番」によるファイル管理

　ファイルが整理整頓されていないと探す時間も取られますし、それ以上に紛失の危険があります。そこで、いつもと違う保管状態になっていたら、すぐにわかるように異常を見える化するようにします。

　異常の見える化に有効なのが、「色」と「連番」です。具体的には次のとおりです。

　①色の効果

　色は、人の心理面にも働きかけて、異常を放置させず、行動を促す効果があります。「赤」は危険の感知をイメージさせる色であり、クレームやトラブルなどすぐに処置すべき仕事のファイルなどに適します。「黄」は注意・注目のイメージなので仕掛かり仕事のなどのファイルに、「青」と「緑」は安心感や達成感のイメージなので議事録など見返す必要があるファイルに適した色です。

　②連番の効果

　連番をつけておけば、途中が抜けていればすぐに異常だとわかります。また、順番どおりに並べようという意識が自然に起きるので、整理整頓の習慣につながります。

[　カラーマークで視認性を高める　]

色彩管理・連番管理でひと目で異常に気づくようにする

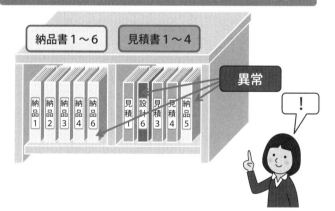

具体的行動

　ファイルを仕事の緊急度や重要度などにより色を決め、色分けして
グルーピングされたファイルに時系列などで連番をつける。

戻しやすさの工夫次第で、整理整頓の意識が変わる

●資料の「抜けの見える化」を工夫する

　繰り返しになりますが、**整理整頓の基本はあるべきものをあるべき場所に保管したうえで「出したら戻す」です。**これが徹底できていれば、資料探しの時間のムダは防げます。そこで、職場共有のファイル棚に取り出しやすいように資料名の見やすさを工夫します。

　ところが、あるべきものをあるべき場所に保管しておいても、時間の経過とともに資料が棚に戻されず、誰が使っているのかわからなかったり、最悪の場合、紛失したりします。

　ここもルール化が必要です。基本は「出したら戻す」の意識の徹底ですが、それに加えて、**戻しやすさを考慮したファイリングや置き方に配慮します。**

　そのポイントは、抜けているところがひと目でわかる「抜けの見える化」です。これは例えば、ファイル自体と保管場所が通し番号や名称で照合できるようにルール化しておくことです。

　また、いま誰が使っているかがわかるように、保管場所に使用者名のカードを置くなどの「責任の見える化」も「出したら戻す」の意識を高めます。

[ファイルの持ち出しがわかる仕組みをつくる]

番号照合で戻す場所がわかる

ファイル名のふせんで戻す場所がわかる

持ち出し者がわかり戻す責任意識を高める

具体的行動

　資料の「抜けの見える化」と同時に、「責任の見える化」もルール化する。

要不要の判断の習慣化が、整理整頓力を磨く

●「要らないものファイル」による整理整頓の習慣化

　仕事に関する書類やファイルはとりあえず必要なものだと思いがちですが、**本当に必要かどうかを考える習慣を身につけると整理整頓力が格段に上がります**。それには次のようなテクニックが使えます。

　必要かどうかを判断するために、「要らないものファイル」を用意します。そして、今後使うかどうか迷っている書類をまずは「要らないものファイル」に入れます。そこから書類を取り出すときに、なぜ必要なのか、その理由を考えます。理由がはっきりしていれば、それが本当に必要かどうかがわかります。たったこれだけのことです。

　「要るものファイル」ではなく、「要らないものファイル」にすることがポイントです。書類などを受け取ったときは何も考えずにファイルしますが、捨てるときは「本当にこれ捨てていいのかな？」と一瞬考えますよね。その心理を使ったファイル法が「要らないものファイル」です。

　必要かどうかを考える習慣、やるべき仕事とやらなくてもいい仕事の見極めにも使えます。

[　逆転の発想の「要らないものファイル」　]

要らないものファイル
ABCプロジェクト

本当に必要？
なぜ、要るの？

扱いやすさを考えると、クリアファイルが便利！

具体的行動

　必要かどうか迷う書類はいったん「要らないものファイル」に入れて判断する習慣をつくる。

文書名の一工夫で、検索効率が上がる

●ファイリングした文書の見える化

　提案書、企画書、報告書などのビジネス文書は一度つくったらそれをひな形にし、次につくるときにはそれに上書きするようにしていると思います。このとき、文書作成ソフトの自動保存機能はオフにして過去の文書も残すようにし、時系列に閲覧できるようにしておくと仕事の流れが見える化できます。

●時短のための文書検索テクニック

　文書の作成日や修正日の日時のあとにタイトルを表記しておくと時系列でのファイル検索ができますが、これを職場での共有資料として保存するには作成者や更新者も表記しておきます。こうしておけば、「日時」「タイトル」「作成者等」で文書が早く見つけられるようになります。ちょっとしたことですが、**こうした時短テクニックの積み重ねが業務効率を上げていく習慣化につながるのです。**

　さらに、手帳のスケジュール欄にこのときに作成した文書のタイトルを記録しておくと、日時検索ですぐに必要な文書が探せられます。

[　書類を検索しやすくしよう！　]

データ保存の書類検索３つのポイント

1．日付

例えば、2021年6月1日の場合、20210601のように記号のようにしてもよい。

2．件名

書類の種別が「報告書」「企画書」「議事録」などがわかるように、内容の前に大分類項目として【報告書】などのように表記する。そのあとに、○○市場調査報告書、A社向け企画書などと具体的な内容がわかるようにする。

3．作成者

個人または部署名で検索するのにわかりやすい作成者名を入れる。

紙で保存の書類ファイリングアイデア

「報告書」「企画書」など書類の種別ごとにカラークリアファイルで色別に保管すると探しやすくなる。

書類を探すのに時間を要することほどムダなことはない。できれば使ったら廃棄して「不要になった書類は持たない」が理想。

具体的行動

保存する文書は「タイトル」「日時」「作成者」がわかるように自分なりのルールを決めておく。

マークや色を使うと、検索しやすくなる

●書類探しの時間のムダをなくす方法

　日々似たような資料が多く配付される職場では、それらを一定のルールでファイリングするものの、必要な資料を探し出すのに意外に時間がかかることはよくあることです。**探す時間のムダを省くには、一見して探し出せる工夫が必要です。その方法の１つに、「色」と「マーク」による見える化があります。**

　やり方は至ってシンプルそのもの。**資料や帳票の特定の箇所にカラーマークを付けるだけです。**

　マークは○、☆などのスタンプでもよいですが、漢字一文字の「即」（即時の処理）、「留」（保留中）、「終」（処理終了）など書類の対応や、「企」（企画書）、「報」（報告書）、「議」（議事録）など書類の種類の頭文字などを大きめの書体を使ってアイコン化するのでもいいでしょう。そしてマークやアイコン文字を緊急処理が必要なモノは「赤」、ファイリングするものは「青」、使用後すぐに廃棄は「黄」などの色で分類するようにしておきます。

　こうして種類分けした書類をまとめて保管するファイルにも同じマークや色を使います。すぐに処理する書類をまとめておくには、カラーのクリアファイルを使ってもいいでしょう。

[マークで見える化！]

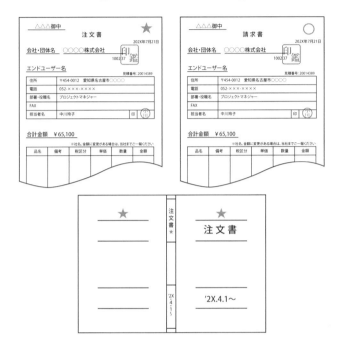

①資料は右上にカラーマークをつける。同じ位置につけることによって、綴じたときに違うものが混ざっていることを容易に見つけることができる

②ファイルは背表紙だけでなく、表紙部分とその裏面にもカラーマークを付ける。作業中ファイルを机の上に置いているときでも、資料・伝票のカラーマークと一致していることが一見してわかるようにするため

具体的行動

　書類の種類別、処理別にマークや色を考え、作成や入手したらすぐに所定の位置につける。

処理と整理を工夫すれば、大幅な時間短縮ができる

●メールの自動振り分け機能を使う

　メールの処理に仕事時間の多くを取られると、仕事をしているのかどうなのかがわからなくなることがあります。人によってはメールを処理する時間を決めていたりしますが、これも一種のダンドリ術ですね。連絡手段がメールやチャットがメインとなった現在、**いかにメール術に長けているかが効率的な仕事を左右するカギとなりました。**

　厄介なのがメールの整理です。受信と送信のフォルダだけだと、必要なメールをその都度検索機能で探すことになりますが、何度も送受信を繰り返しているメールだと必要なものが何通目のメールだったかがわからず探すのに手間取ります。

　そうならないためには、**やりとりが多い人や要件についてはわかりやすい件名をつけたうえで自動振り分け機能を使い、それぞれのフォルダに分類するようにします。**

　例えば、【人事】【営業】などの機能別、【A社】【B社】などの社名別、【企画書】【提案書】【報告書】などの文書別、【営業1部山田】などの担当者別の件名を冒頭に表示します。こうして件名で振り分けすれば、メールに費やす時間が大幅に軽減できます。

[　メール対応時間を極力なくそう！　]

メールの整理術

1. ルールを決める

● メールチェックの時間
　→出勤後30分以内、終業時間の1時間前など緊急の要件以外は時間帯を決める
● 振り分け
　→対応すべき要件、読んだら保存、読んだら廃棄など内容によって振り分けのルールをつくる
● 即レス
　→返信が必要なものは時間をあけず、すぐに対応すると相手からの心証が良くなる

2. 整理日を決める

　　溜まっていくメールを週末、月末など整理日を決めて「保存」と「廃棄」の判断をする

> メールソフトによって自動振り分け機能の操作方法が違ったりしていて、その設定によっては検索に戸惑うこともある。整理に時間が避けないというなら、シンプルにキーワード検索するという手もある。

具体的行動

　いま使っているメールソフトの自動振り分け機能を調べ、整理しやすい件名をつける。

タスク管理力の法則

タスクカードを使えば、仕事のダンドリ力が高まる

●ダンドリ上手な人はタスク管理が上手

タスク管理はToDo管理とも言われますが、やるべきことを事前に整理して計画的に仕事を進めるために必要なことですね。タスク管理が上手な人は、タスクリストがすぐに取り出せるようにスマホや手帳で管理し、こまめに更新する自分の流儀を持っていることが多いようです。

●タスクカードを活用しよう

タスク管理ではタスクが発生したらすぐにリストアップしなければなりませんが、その際には「完了目標」と「期限」を明記することがポイントです。「何を、いつまでに終える」のかがわかるようにします。

これを見える化したツールが「タスクカード」です（右図参照）。タスクがカードで整理されるので、緊急度や重要度でやるべきことの優先度もわかりやすくなります。しかも、タスク終了後には備忘録になったり、作業してきたことが時系列でわかります。

また、カードなので、チームメンバーにも見えるところに貼るなどすれば、作業進捗の共有もできます。

[タスクカードを作業ごとにつくる！]

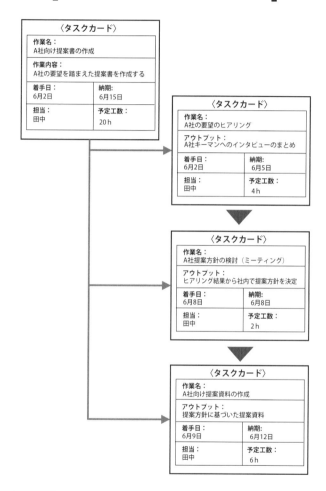

具体的行動

パソコンでタスクカードを作成し、メモ用紙のようにして手帳など
に挟み込んで、常に確認できる習慣をつくる。

タスク名に範囲名を付けると、ズレ・モレが防げる

●大きなタスクの場合

タスク管理で軽視されがちなのが、タスク名（作業名）です。とくに、**イベントやプロジェクトなど規模の大きなタスクの場合、プロセスごとにタスクカードをつくることをおススメします。**

例えば、新商品説明会などのイベントの場合、「商品説明会の開催」などとイベントそのもののテーマをタスク名にしては、具体的に何をやるべきかがわかりません。そこで、タスクをプロセスごとに分解し、分解したタスクカードで進捗管理をします。このカードに「着手日と完了日」「担当者名」のほか、進捗管理のなかで気づいたことを「備考欄」などに記録しておけば、次回同じようなタスクをする際に参考にできます。

●タスクのチームでの共有

コロナ禍によりリモートワークが増えてきているなかで、チームでのタスク管理もグループウェアなどを使って行うようになってきました。グループウェアは自分から見に行かなければならないので、大事なタスクについてはリマインド通知する仕組みが必要なことに注意しましょう。

[作業プロセスごとのタスクカードを準備する！]

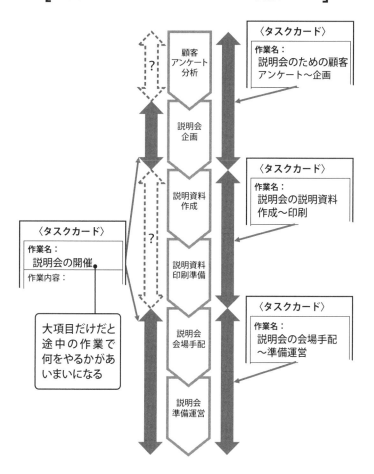

具体的行動

　大きなタスクの場合はプロセスごとに行うべき作業がすぐにわかるタスク名にしたカードをつくる。

目的を明確にすれば、作業に工夫や改善が生まれる

●作業方法を詳細に指示しない

　メンバーにタスクを指示するとき、タスクカードに記載するものとして最も注意すべきことは、作業方法を詳細に指示しないことです。これは意外に思われるかもしれませんね。

　タスクはその作業方法を示して行うものと考えられていますが、**事細かに作業方法を指示すると、その方法でしか実施しなくなります**。住所録の入力などのような単純作業であれば問題ないのですが、それでも作業者がパソコン操作の裏ワザを知っていたりすれば、効率的な入力で時短ができたり、宛名ラベル印刷に適したリスト作成にするなど、その人の工夫や改善が期待できなくなります。つまり、作業者の考える余地を奪うことになります。

　今後日本でも欧米のように、仕事に人を割り当てるジョブ型人事制度が推進されると言われるなか、**作業の目的に応じてその作業を担う人が創意工夫をして目標達成していくには、作業内容を事細かに指示するのではなく、目的を明確に示して、作業者にやり方を任せることが大事です**。

　そこでタスクカードには、詳細な作業方法よりも、明確な作業目的を明示することに留意します。

【　タスクカードに目的を書き入れる！　】

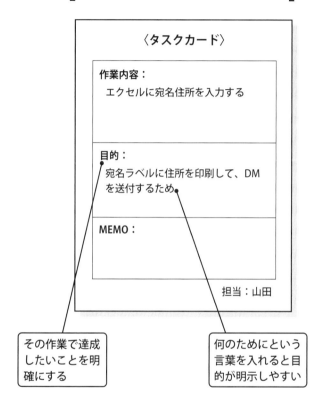

〈タスクカード〉

作業内容：
エクセルに宛名住所を入力する

目的：
宛名ラベルに住所を印刷して、DM
を送付するため

MEMO：

担当：山田

その作業で達成
したいことを明
確にする

何のためにという
言葉を入れると目
的が明示しやすい

目的や目標を効率良く達成するための方法
は自分で考えよう！

具体的行動

　タスクカードをつくる際に、作業名に応じた「目的」を具体的に書
くように留意する。

アウトプットを数値化して、質の高い仕事に変える

●ジョブ型時代に合ったタスクカード

　今後、ジョブ型人事制度による仕事スタイルに変わっていくと、働いた時間ではなくアウトプット（成果）によって評価されるようになります。残業してがんばることよりも、その人が担うべき職務を効率的にこなして成果を上げることが重視されてくるということです。

　そうなると、タスク（作業）を単純にこなすのではなく、成果を意識したうえで付加価値の高い仕事をしていかざるを得ません。

　そうした仕事をしていくためにタスクカードを活用します。むしろタスクカードは自分の職務範囲を定義するうえで有用ともいえます。この場合のタスクカードには、**アウトプットを明記したら、その目標の成果判定基準を数値で測れるように設定します。**

●仕事の質を高めるためにタスクカードを使う

　リモートワークが進展するこれからは、残業（仕事時間の量）ではなく成果（仕事の質）に着目した働き方になります。そうした働き方に対応していくには、やるべきこととやらないことを明確にすることですが、そのときにタスクカードを活用します。

[仕事の質を高めるタスクカード活用法]

〈タスクカード〉

作業内容：
ABC社向けXYZシステム概算提案書
作成

目的：
ABC社において来期XYZシステム導
入の予算取りのため

アウトプット：
ABC社向けXYZシステム概算提案書
（PPTデータ）

目標・合否基準：
提案書はＡ４用紙1枚でねらい、全体
構成図、概算金額を含めること

「目標」は、数値を明らかにする。
「合否基準」は、合否の判定の要件
を明確に記す。

具体的行動

　成果を明確にするために、タスクカードにアウトプットの目標や合
否基準を書き入れる項目をつくる。

作業工数を分解すると、仕事の見通し力が高まる

●まずタスクの予定工数を見積もる

　仕事を予定どおり完了させるために見通しを立てながら作業を進めてみても、なかなか思うようにいかないものです。それにはダンドリ力を高めて、仕事を楽にこなせるようにやり方を変えていくことですが、それをタスクカードで考えてみましょう。

　まず、タスクの予定工数を見積もって、その工数をもとにやるべきこと調整をしていきます。ここでポイントになるのが、**予定工数の見積もり精度を高めるためにタスクの作業項目を書き出してそれぞれ作業時間を見積もることです。ここから、タスク全体の所要時間を予測します。**

●やるべきことをプロセスごとに分解する

　人はやるべきことが漠然としたままだと着手が遅れたり、始めてみても徐行速度だったりして、軌道に乗せるまでに時間がかかります。

　しかし、**やるべきことがプロセスごとに分解されていると、進むべき方向がはっきりしてモチベーションが高まります。**作業項目の分解はこの利点を応用したダンドリ法です。

[仕事の見通し力を高めるタスクカード活用法]

アンケート整理で0.5時間
導入部の作成0.5時間
説明文の作成が3時間
説明図の作成2時間
製本1時間
トータル7時間だ

〈タスクカード〉

作業名
説明資料の作成

予定工数：
18時間

作業項目：
□アンケート分析の整理
□導入部の作成
□説明文の作成
□説明図の作成
□製本

具体的行動

　タスクをプロセスごとに分解して、それぞれの所用時間を計測し、その合算時間から作業完了の見通しを立てる。

タスクカードを工夫して、タスク実践力を上げる

●カギは「準備チェックリスト」

　仕事をスマートにこなす人ほど、準備に抜かりがないものです。やるべきことがすべて頭に入っているように、事前準備をしっかり行い、仕事のダンドリをイメージしてから作業に取りかかります。ただ、こうした仕事術は生まれつきではなく、その人なりに習慣化した結果だといえます。

　これまでに何度も紹介してきたタスクカードは、ダンドリ上手の仕事の習慣化にも使える便利ものです。

　その方法は至ってカンタンです。**タスクカードに準備チェックリスト欄を追加するだけです。これをしっかり行っておけば、仕事を始めるに前にやるべきことが1つ1つ確認できます。**すべてチェックしてから仕事を開始すれば、ダンドリをいちいち確認せずとも自動的に仕事開始スイッチが入ります。

　この方法は個人のダンドリ術だけでなく、職場内で共有することもできます。**準備チェックリストの入ったタスクカードをチーム内で見える化することで、何を使って仕事をしようとしているかお互いにわかるようになり、それぞれが持っている資料や情報**などを共有して助け合うことができるようになります。

[　タスクカードにチェックリストを書き入れる！　]

〈タスクカード〉

作業内容：
ABC社向けXYZシステム概算提案書

目的：
ABC社において来期、XYZシステム導入の
予算取りのため

準備チェックリスト

現システムの課題と運用コスト	☑
システム投資戦略方針	☑
現システムの構成図	☑
新システムのメリットデメリット	☑
システム要員の運用能力評価	☑

担当：○○

事前準備を怠らない人はミス
が少なく、信頼が得やすい！

具体的行動

　タスクカードに準備チェックリスト欄をつくり、作業内容に必要な
事前準備事項を記入する習慣をつくる。

重要度と緊急度の高低で、仕事の優先順位を判断する

●「重緊マップ」を活用しよう

　タスクが多くなれば、処理の優先順位をつけなければなりませんが、それには「重緊マップ」が便利です。これは、**現在抱えるタスクをカードに書き出して、重要性と緊急性で区切った4象限の「重緊マップ」に貼っていく**方法です。

　このとき、重要度と緊急度がともに高い象限にカードが多く貼られているとすごく仕事を頑張っていると思うかもしれませんが、これは最悪の状態です。いつもギリギリの状態で仕事に追われ、1つ間違えば大問題になるという状態だからです。**理想の状態は、「重要度が高く、緊急度が低い」タスクが多いことです。**その反対に、「重要度が低く、緊急度が高い」タスクは処理に追われるなかでいかにモチベーションを維持していくかが課題になります。日報や月報などの報告書記入や日々の発送業務などが代表的な作業です。

　そして、「重要度も緊急度も低い」タスク、例えば単純なコピー作業や宛名ラベルの出力などはできるかぎり効率化する、もしくは外部に発注するなどしてなくしていき、優先順位の高い仕事をする仕組みをつくるようにします。

［　「重緊マップ」で優先順位を決める！　］

重緊マップで優先度をつけて仕事の混乱をなくす

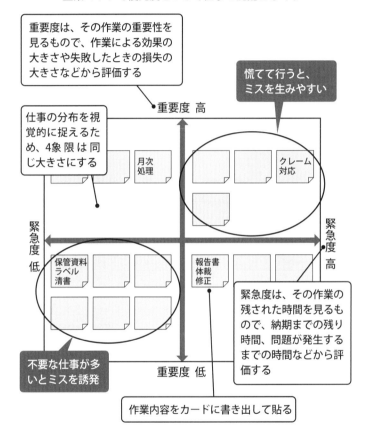

重要度は、その作業の重要性を見るもので、作業による効果の大きさや失敗したときの損失の大きさなどから評価する

慌てて行うと、ミスを生みやすい

仕事の分布を視覚的に捉えるため、4象限は同じ大きさにする

重要度 高

月次処理

クレーム対応

緊急度 低

緊急度 高

保管資料ラベル清書

報告書体裁修正

緊急度は、その作業の残された時間を見るもので、納期までの残り時間、問題が発生するまでの時間などから評価する

不要な仕事が多いとミスを誘発

重要度 低

作業内容をカードに書き出して貼る

具体的行動

　現在抱えるタスクを「重緊マップ」に配置し、左下の象限のタスクは減らす、もしくはなくす。

作業進捗の見える化で、信頼感が上がる

●タスクの進捗を見える化する

　タスクの進捗状態を見える化し、チームに共有してもらうことで、チームの協力体制を得られるようになります。

　通常のタスク管理では、自分の仕事が完了すればメンバーにも作業が終了したことが伝わりますが、作業の過程において予定どおりに進んでいるのか、遅れ気味なのかということはわかりません。**タスク管理の目的の1つは、遅れの予兆を検知し、早めに対処することで、問題を未然に防ぐことです。**

　よって、**タスクの進捗状態をチーム内で共有するようにすれば、チームメンバーは安心できるし、リアルタイムで進捗報告できるので信頼感を上げることにもなります。**

　タスクの進捗を見えるようにするには、次のような方法があります。まずタスク管理ボードとタスクカードを用意します。そしてタスクカードの完了枠に時間単位の目盛を入れます。完了したタスクは時間枠に添付していけば、その日の目標完了時間までに自分の作業がどのように進捗しているかがメンバーに見えます。これをチームメンバー全員が共有できるタスク管理ボードにすれば、チームの情報共有ツールにも使えます。

[　タスクの進捗を見える化する！　]

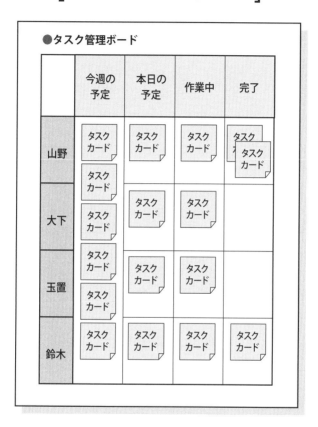

●タスク管理ボード

	今週の予定	本日の予定	作業中	完了
山野	タスクカード / タスクカード	タスクカード	タスクカード	タスクカード / タスクカード
大下	タスクカード / タスクカード	タスクカード	タスクカード	
玉置	タスクカード / タスクカード	タスクカード	タスクカード	
鈴木	タスクカード	タスクカード	タスクカード	タスクカード

具体的行動

　タスク管理ボードとタスクカードを用意し、自分の作業の進捗度合いを皆に見える化する仕組みをつくる。

解釈のズレや作業のモレは、履歴の見える化で防げる

●「履歴管理シート」を使った進捗管理法

　商談や企画・開発など時間をかけて中身を詰めていく仕事では、相手とのやりとりのわずかなズレやモレが積み重なり、最後には大きな違いとなって問題となることがあります。

　ズレは、言葉の定義や解釈の違いなどが原因となって積み上がっていきます。よって、コミュニケーションをよく取り、解釈の違いが発生しないように相互確認することが大切です。

　モレは、やりとりのなかで保留事項があったりすると忘れられやすいので、保留は記録して、都度確認するようにします。

　こうした対策をとっても、なかなかズレやモレを完全になくすことができないのが実情です。そこで、**ズレやモレが起きないようにするために、「履歴管理シート」を使います。これを使えば、それまでのやりとりの全体が見え、そのプロセスのなかで起きた問題やその対応、保留事項などがすぐに確認できます。**

　これを自分の仕事の進捗確認や問題解決事例集として使うのでもいいですし、プロジェクトなどでは関与者全員が仕事全体のプロセスを共有するときに使うのでもいいでしょう。履歴が見えることで、次のアクションもわかりやすくなります。

[履歴管理シートの例]

商談履歴管理シート

訪問日・訪問者	訪問部署・面談者	顧客の課題	提案	顧客の反応	回答
5月9日営業部鈴木	A社開発部山田氏	200g軽くしたい	軽くすれば、強度不足になるので、新素材に変えることを提案	コストはどうなるか	従来と同じコストにします
5月27日営業部鈴木	A社開発部山田氏	さらに軽量化して同じコストでできるか	新素材ではできないので形状変更を提案	モジュール時に他と干渉しないか	試作品で干渉確認をします
…					

仕事の履歴を記録することは「進捗管理」「問題解決」などに使えるほか、「言った言わない」でうろ覚えからのトラブル対応時の証拠としても使える！

具体的行動

　「履歴管理シート」をつくり、現在の仕事の進捗に問題が起きていないかを確認してみる。

タスクに人を割り当てると、仕事のバラツキがなくなる

●「人にタスク」から「タスクに人」へ

　タスク管理の基本スタイルは、人にタスクを割り当てるというもので、能力に見合った仕事量（負荷）を割り当てて、能力余剰（ムダ）や過負荷（ムリ）とならないようにして、仕事の平準化をはかります。

　ただ、この方法は担当者1人にタスクを任せきることが前提であり、新人など1人では処理しきれない人には適用が困難です。そのため、特定の有能な人にタスクが集中する一方で、タスクに見合ったパフォーマンスが発揮できない人がいたりすると、アンバランスな状態ということになります。

　そこで仕事の割り当ての柔軟性を高め、特定の人に仕事が集中したりしないためには、「人にタスク」から「タスクに人」を割り当てるスタイルに変えることです。つまり、タスクの難易度に合わせて、それぞれ見合った人を割り当てるというものです。1人では対応できない場合は熟練者とペアを組むようにします。これならOJTにもなります。

　仕事は経験を重ねることでスキルが上がっていくものです。そのときに適切な指導があれば、習得スピードは早まります。

［　能力に見合った作業配分にする！　］

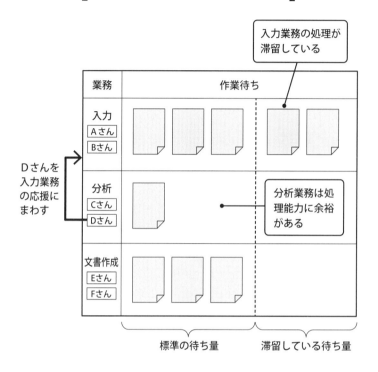

入力業務の処理が
滞留している

業務	作業待ち				
入力 Aさん Bさん					
分析 Cさん Dさん					
文書作成 Eさん Fさん					

Dさんを
入力業務
の応援に
まわす

分析業務は処
理能力に余裕
がある

標準の待ち量　　　滞留している待ち量

仕事の進捗状況が職場内で共
有できれば、進捗管理のミー
ティングが不要になる。

具体的行動

　作業ごとに難易度を測り、難易度に応じてタスクに人を割り当てる
仕事スタイルを考えてみる。

「1個流し」で作業すれば、完了時間が短縮できる

●リードタイムが短縮できる

　製造ラインで品質不良を発生させないために作業を1つずつ流していく「1個流し」という方法があります。1人の作業者のところで仕事が滞留すると、次の工程の作業者が作業できない状態になることを防ぐために生産現場で昔から取り入れられている手法です。これは実は、オフィス業務でも役に立つものです。**仕事を1つずつ処理する1個流しの最大のメリットは、作業開始から終了までの時間の「リードタイム」の短縮です。** リードタイムとは作業の開始から終了までの時間のことです。

　例えば、A、B、C 3つの仕事を同時に進めていくときと1個流しで進めるときの違いをみてみましょう。

　3つの作業を同時並行的に処理していく場合、Aを1/3作業したのち、次にBを1/3といった具合になります。仮に、1日1/3ずつ作業した場合、Aが終わるのは7日目、Bは8日目、Cは9日目となります（図の上段参照）。これが1個流しだと、1つの仕事を最後までやりきるので、Aは3日目、Bは6日目、Cは9日目となります（図の下段参照）。これだと必要工数は変わりませんが、A業務とB業務は早く完了させることができます。

[完了期間を短縮するタスクの管理方法]

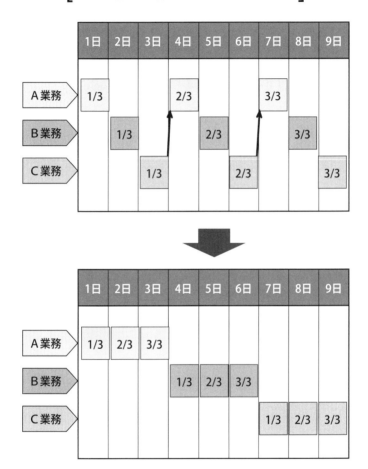

具体的行動

いくつか仕事が重なっているときは、「1個流し」でのスケジュールを検討してみる。

業務の流れの見える化で、効率的に作業ができる

●「1個流しボード」を使う

　いくつものタスクを並行して行うとき、同時にやることで効率的に進むように思えます。しかし、実際はトータルで要する工程は変わらず、業務ごとの完了時間は逆に長くなる場合があります。作業中に問題が起これば、仕掛かり中のすべての業務を止めなければならなくなります。仕掛かり中の業務はどうしても手戻り時間が必要です。こうしたときは、担当業務がどのように流れているかを見えるようにして、完了時間の短縮や問題発生時の対応を的確に行うことです。

　それには、前項で説明した1個流しの方法を応用した「1個流しボード」を使い、そのボード上に「処理中」の欄をつくります。「処理中」の欄とは、「処理待ち」から取り出し、作業に着手したカードを貼っておく欄のことで、「処理待ち」と「完了」の間につくります。作業に着手したタスクカードはその欄にすべて貼ることで、現在、同時にいくつの作業が行われているかが見えるようになります。

　この「処理中」の欄に貼られたタスクカードを1枚にして、1つ1つの作業を終わらせながら、仕事を流していきます。

[　1個流しボードの例　]

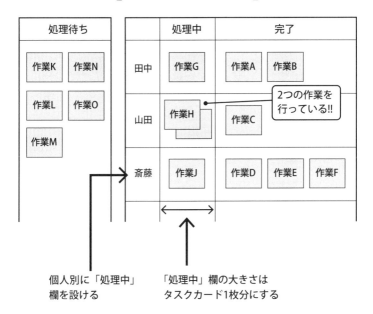

個人別に「処理中」
欄を設ける

「処理中」欄の大きさは
タスクカード1枚分にする

経営の神様のドラッカーも言っている。「企画など考える仕事やプロジェクティブな仕事は大きなまとまった時間のなかで行われなければ何の役にも立たない」と。

　担当している業務すべてをタスクカードにして、「1個流しボード」に貼り付けて仕事の進捗管理を行う。

仕事の品質基準をつくれば、安定感のある成果が出せる

●仕事の品質を考えよう

　品質をなおざりにして、どんなやり方でもいいからとルールを無視したり、他者のことに構わず自分勝手に振る舞ったりして生み出した成果は考えものです。成果にこだわる姿勢は評価できますが、こうしたやり方はアウトプットにバラツキがあったり、ムダなことをして時間を要するだけでなく、それ以上に無鉄砲さが周囲に迷惑をかけることになります。

　そこで、仕事の品質と生産性を高めるためには、成果を生み出す作業プロセスの品質基準、つまり「仕事の品質基準」を考えます。仕事の品質基準があると、過小・過剰・過誤がない仕事スタイルにすることができます。

●仕事の品質基準のつくり方

　最初に成果を生み出すための品質レベルを洗い出し、次にそれぞれについて「評価項目」「評価基準」「評価方法」を定義します。

　これをチェックリストにしながら仕事を進めることを習慣にすると、アウトプットにブレがなく、軸が定まった仕事の流儀が身につきます。

［　仕事の品質基準をフォーマットにした例　］

サービス品質基準		サービス名	訪問修理サービス		
		対象製品等	X25シリーズ複合印刷機		

顧客	修理依頼してきたお客様	品質部長 ◎	品質課長 ◎	品質係長 ◎	品質担当 田中	作成・改訂日	202X.8.10
						品質基準No.	FI01-X25a

サービスレベル評価基準

No.	サービスレベル	評価項目	評価基準	評価方法	処置	記録
1	レスポンス	顧客を待たせる時間	30秒以内	待ち時間タイマー	1分以上でヘルプ	回数、時間
2	要求解決	1回の訪問で顧客の要求の解決率	60%以上	過去20回の移動集計法	訪問3回目で対策会議	回数、原因
3	リードタイム	顧客訪問から解決までのリードタイム	7日以内	訪問予定表追跡	オーバー1回で対策会議	日数、原因
4	修理停止時間	1回の修理によるサービス停止時間	17分以内	修理報告書追跡	30分停止で対策会議	原因
5	修理ミス ＜a変更＞	修理ミスの発生率	2%以下	過去50回の移動集計法	ミス1回発生で対策会議	原因
6						
7						

サービス構成要素評価基準

No.	構成要素	評価項目	評価基準	評価方法・時期	処置	記録
1	物的要素	服や工具の清潔感	汚れ無きこと	朝礼での確認	交換	回数、内容
2	信頼性	サービスレベルの要求解決と同じ	サービスレベルクリア	修理報告書	レベル評価基準に準拠	同左
3	応答性	サービスレベルのレスポンスと同じ	サービスレベルクリア	修理報告書	レベル評価基準に準拠	同左
4	保証性（コミュニケーション）	顧客からの聞き取り・説明エラー	事後問い合わせ5%以下	過去20回の移動集計法	問合せ2回目まで対策会議	回数、原因
5	保証性（信用性）	顧客からの信用される程度	担当替え依頼率2%以下	過去50回の移動集計法	担当替え2回で対策会議	回数、原因
6	保証性（安全性）	顧客に不具の影響を与えない	顧客への影響率1%以下	過去100回の移動集計法	影響1回で対策会議	影響内容、原因
7	保証性（能力）	修理を一人で解決できる割合	自己解決率80%以上	過去20回の移動集計法	ヘルプ2回以下で勉強会	回数、原因
8	礼儀正しさ	礼儀正しさへの心証	顧客アンケート4点以上	修理後顧客アンケート	2点以下で対策会議	点数、原因
9	顧客理解	復帰後のめざす状態の共有	顧客アンケート3点以上	修理後顧客アンケート	2点以下で対策会議	点数、原因
10	アクセス	修理担当性のアクセス性	12h以内アクセス	問い合わせ履歴追跡	24h以上で対策会議	時間、原因
11						
12						

関連規格	ISO9001（品質マネジメント規格）ISO20000（ITサービスマネジメント規格）	改訂履歴	記号	年月日	記事	担当
			−	202X.1.30	新設	岡山
			a	202X.3.30	ミス率追加	田中
関連手順書帳票	X25修理作業手順書顧客修理報告書（帳票）					

> 品質基準のシンプルな目安として、「品質レベル」「コストレベル」「納期レベル」を顧客起点で考える。

具体的行動

　安定した成果を上げ続けるために、自分の仕事についての品質基準をつくり、それをチェックリストにして毎日の仕事に臨む。

業務が標準化できれば、品質が安定し生産性が上がる

●いつも成果を上げている人の仕事の流儀

　仕事ができる人をよく観察すると、出来不出来の波があまりなく、常に一定の品質の成果を上げていることがわかります。商品開発で常にヒットを出す人、営業でいつもトップセールスにいる人などはどんなスキルを持っているのか知りたいと思いませんか。

　こうした人の多くは、業務を標準化する技術に長けているのです。つまり、成果の出る仕事の手順の法則を持っているということです。

　ファストフード店では調理場と店頭サービスを流れるように仕組み化することで、お客さんを長い時間待たせることなく安定した品質の商品の提供を実現しています。ファストフード店の成功の法則を例に説明すると、目標（顧客ニーズの充足）に対して作業単位（注文→調理→最短時間での商品提供）を分解してやるべきことをルール化することで成功のセオリーが誰にでも使えるように構築されているのです。

　こうした仕事術を身につけるには、最終ゴールに至るまでの作業を細分化し、それぞれについてチェックシートを使って標準を定義することです。

［　業務を分解して生産性を上げる！　］

WBS（作業分解図）で成功要因を分析する

　WBS（ワーク・ブレイクダウン・ストラクチャー）とは、目標達成までの全体計画を部分計画に細分化してやるべきことを具体化するためのフレームワーク。プロジェクト管理で活用されているが、目標達成のために「何を」「どうすればいいのか」が業務単位、作業単位で確認していけば、成功要因の分析に使える！

WBS（ワークブレイクダウン ストラクチャー：作業分解図）

○○プロジェクト	➡	レベル1

業務A	業務B	業務C

レベル2　プロジェクトを構成する主要業務

作業a	作業b	作業c

レベル3　レベル2を構成する作業

作業aa	作業cc1	作業cc2

作業ccc

レベル4　プロジェクトを構成する最小単位

WBSの使い方に習熟することで目標達成までの「作業量」「時間」「コスト」「外部協力」「リスク」なども具体的にわかる。

具体的行動

　企画やセールスなどで目標とする成果を設定したら、そこに至る作業を分解し、作業単位ごとに成功要因は何かを考える。

Do（実行）から始めると、仕事の改善力が高まる

●DCAPサイクルのススメ

仕事を継続的に改善していく考え方のPDCAサイクル。20ページで紹介したように、計画（Plan）→実行（Do）→評価（Check）→改善（Act）という4段階の経験を次の計画に反映していくことで業務遂行力を高めるために行うのでしたね。

しかし、実際には計画したことを実行し、その結果を評価するまでは行うものの、改善から次の計画に反映させるまでには至らないことが多いようです。

その理由の多くが、計画どおりに仕事を進めることが目的となり、そのとおりできていれば目標達成したこととしてゴールとしてしまうからです。

そこで、**継続して改善していく仕事習慣のためにDoから始めるDCAPサイクルをおススメします。**その方法は次のとおりです。

まず、現状の問題についての原因を明らかにしてから実施事項を決めて（Doからスタートして）、その結果から得た評価を改善策として計画して自動的に次につなげていく循環をつくります。**カギとなるのは、仕事を進めるうえで問題となることを特定することです。この問題を起点に、速やかに「実行」段階に入ります。**

[DCAPサイクルを回せ！]

●DCAPサイクルで
　アンケート調査を
　改善していく例

| 原因 | 回答者自身が認識できていない潜在ニーズをオープンクエスチョンで質問して聞いたため、何も思い浮かばず、「特になし」と回答した人が多い | 質問する側が何の想定もないままに質問し、回答結果を集計すれば何かわかるという前提でアンケートをしている |

〈原因〉
潜在顧客のニーズがわからないため、サービス説明に終始したサイトづくりをしている
●潜在顧客ニーズがキャッチできてない

〈問題〉
潜在顧客を引き寄せるサイトをつくれていないため新規の契約数が少ない

D 潜在顧客のニーズを調査するためのアンケートの実施「清掃請負サービスに清掃以外に期待するものはありますか？」と聞いた

C 「特になし」が8割を超え、新たなニーズといえるものがなかった。ニーズ自体が潜在化していて、顧客に聞いても顧客自身がわからない中でアンケートしてもニーズは拾えない

P 事例を提示して、様々なサービスイメージを提示してニーズを引き出す調査方法を計画する

A 顧客自身の中に潜在化しているニーズを拾い出すような方法での調査に改善

D 以下の事例選択型のアンケートを実施。「24ｈ清掃サービス事例」「殺菌消毒付き清掃事例」「雑務請負付きサービス事例」「セキュリティ強化事例」

C 「雑務請負付きサービス事例」が4割あり、他は2割前後。「雑務請負」がカギだとがわかったが、さらに雑務の内容などをアンケート調査するには費用がかかりすぎて継続できない

P 現在のサイトを集客サイトの位置づけから、ニーズ調査サイトの位置づけとして、サイト内に様々な事例ページを掲示して、事例ページへのアクセス数調査を計画する

A 費用がかからない、または低コストで「雑務請負」の具体的ニーズを掘り下げて調査できる方法に改善

具体的行動

　目標管理を行ううえで問題となることを特定し、その問題を起点にDCAPサイクルを描いてみる。

リードタイム短縮が、変動対応力を高める

●変動対応力を高めるためのリードタイム短縮

　ネット販売での配送時間の短縮、SNSでのツイートで急にモノが売れ出す（その逆もありますが）といったように、インターネットによりビジネスのスピードが急速化しました。一瞬にして環境が変化する「変動社会」では、「変動対応力」が競争力の大きな原動力となります。

　変動対応力を高めるには、リードタイム短縮を図ることです。リードタイムとは製造現場で使われる言葉で、開発・調達・生産・配送の各工程における滞留＝在庫を減らして、速いスピードで製品が流れるようにすることです（86ページ参照）。この考え方をダンドリ仕事術に取り入れるのです。

　それには、「タスクの原単位を小さくする」「1個流し＝シングルタスク」「タスクの並列化」の3つの視点があります。「タスクの原単位を小さくする」は、1回に処理するタスクのボリュームを小さくする、「1個流し＝シングルタスク」は、タスクを1つ1つ完了させて途中で止めない、「タスクの並列化」は、タスクを相互に干渉を受けず流すことによって、タスクの滞留を減らし、流れるスピードを高速化してリードタイムを短縮します。

[リードタイム短縮を図る！]

時短・作業軽減アイデアの例

増員
作業の分担

- （手が空いている人がいたら）作業を割り振る
- （予算が取れれば）外部に発注する
- 共同作業の検討

ミスの低減
ミスゼロ仕事の工夫

- 1日3回進捗を確認する
- 緊急度の高い仕事に休憩時間を設ける
- 必要に応じてダブルチェックする

作業の合理化
不要な作業の廃止

- 報告書など簡素化する
- 会議の合理化（時短または廃止）
- 慣例的なルールの廃止または見直し

最新設備の導入
ITツールの導入

- ネット環境の整備
- 仕事効率化アプリやソフトの導入
- RPAなどによる作業の自動化
- オンラインの習熟

時短・作業軽減アイデアは、他者・他社の取り組み事例がヒントになる。周囲の人に聞いたり、「オフィスの業務改善」などのキーワードでネット検索してみよう！

具体的行動

　「タスクの原単位を小さくする」「1個流し＝シングルタスク」「タスクの並列化」の視点からリードタイム短縮を考えてみる。

多くの情報源があれば、異常事態の対応に活かせる

●想定外の2種類のリスク

　計画的に仕事を進めてきたところ、後半になって突如想定外のことが起きて作業が中断することがあります。想定外なので対処のしようがないのですが、それでもリスク軽減を図る方法はあります。

　まず、想定外には「万が一、起きるかもしれない」というものと、「全く予想さえつかない」ものの2種類があります。

　「万が一、起きるかもしれない」場合、いかに過去の事例を知っているかがカギです。それを知るには、ベテランの方からこれまで起きた想定外の事態を聞いたり、大掛かりなプロジェクトを始めるのなら甚大なリスクを避けるために同業他社が見舞われた想定外を調べることです。ダンドリ上手になるためには、多くの情報源を持つことが大事だということです。

　「全く予想さえつかない」場合は想定外を避けようがないので、被害を早期に収めるために臨機応変に対応することです。つまり、起きたことに慌てず、冷静にやるべきことを着実に実行する力が重要だということです。それには、ふだんから事実を冷静に見る姿勢を備えることです。

[　想定外に備える！　]

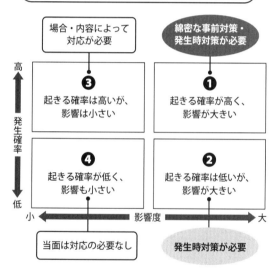

リスクの内部要因と外部要因

内部要因

人材流出、事業の撤退、合併・買収、売上・利益減、コンプラ違反、予期せぬトップの交代など

外部要因

新型感染症、ニーズの変化、環境問題、市場の急変、新技術の登場、規制緩和、国際紛争など

リスクマネジメントマトリクスで考えてみる

場合・内容によって対応が必要

綿密な事前対策・発生時対策が必要

高

発生確率

低

❸ 起きる確率は高いが、影響は小さい

❶ 起きる確率が高く、影響が大きい

❹ 起きる確率が低く、影響も小さい

❷ 起きる確率は低いが、影響が大きい

小　←　影響度　→　大

当面は対応の必要なし

発生時対策が必要

事前対策……危機が発生しないよう、あらかじめ手を打っておくこと
発生時対策…リスクが実際に発生したとき、影響を軽減させるために講じておくこと

具体的行動

　想定外のことが起きたときに冷静に対処できることが最も重要だと肝に銘じておく。

一列待ちの作業にすれば、トラブル対応が強まる

●単純作業を計画どおりに進める方法

　タスク管理のうえで困ることは、予期せぬトラブルです。とくにプロジェクトのようなチームで進めるタスクの場合、担当者ごとに割り振られたタスクのどこかでトラブルが発生すると、その人のトラブルが解決するまで他の人は作業を止めて待たざるを得なくなります。

　1つのトラブルが他のタスクに影響して進捗が止まると、スケジュールの組み直しを余儀なくされます。そこで、トラブルの影響を受けにくくする方法はないかということになりますが、それが「一列待ち」です。「一列待ち」とは、買い物の精算でレジに並ぶときのように、一列に並ぶ待ち方を応用した方法です。

　この方法は次のとおりです。まず、タスクをカード化してボードなどに一列に並べ、各担当は自分のタスクが終わったら、一列に並んでいる先頭のタスクカードを取って次の仕事をします。この方法だと誰かがトラブルにより作業が止まっていても、他の人は自分が行っている作業を止めずに仕事が進められます。「**一列待ち**」は仕事をいくつかに分担できる単純作業を計画どおりに進める場合にとくに有効です。

【　タスクカードを使った「一列待ち」の例　】

	今週の予定	本日の予定	作業中	完了
山野	タスクカード タスクカード	タスクカード	タスクカード	タスクカード タスクカード
大下	タスクカード	タスクカード	タスクカード	
玉置	タスクカード タスクカード	タスクカード	タスクカード	
鈴木	タスクカード	タスクカード	タスクカード	タスクカード

一列

ビジネス文書の発送作業やマーケティングリサーチなど分業できる仕事の場合、一列待ちだと計画どおり進めやすい。

具体的行動

　プロジェクト的な仕事は作業をいくつかに分けてそれぞれのタスクカードをつくり、「一列待ち」にしてみる。

トラブル対応初動3原則で、冷静に対応できる

●トラブル対応管理シートをつくる

　トラブル発生時は、対応すべき事項が多岐にわたり、それらはあらかじめ予定されていたことではないため、対応モレや間違いなどを起こしやすい状態にあります。また、それらがさらにトラブルを複雑にしたり、収束を延ばしたりして二次被害に拡大させる恐れもあり、トラブル発生時の初期対応はきわめて重要です。

　こうした事態に冷静に対応するには、「トラブル対応管理シート」を用意しておきます。これはトラブル対応のための必要事項をモレやヌケがなく、また誤った対応を避けるためのツールです。トラブル発生時の連絡ミスは事態を大きくしてしまうので、このツールには主要な連絡先を明示しておきます。

　また、トラブル対応では、「トラブルの当事者の把握」「トラブル状況の把握」「対応策の速やかな実施」の3つの初動原則に即して対応することがポイントです。この原則を踏まえたうえで対応にあたり、それから再発防止策を文書化して記録しておきます。

　ビジネスではトラブルをゼロにすることは現実的ではありません。よって、もしトラブルが起きてしまったら、そこから学んで再発させない仕組みをつくることです。

［　トラブル対応管理シートの例　］

202X年3月15日 PM9:30現在

トラブル
車軸に亀裂が
入っている
発生日
202X年3月12日
発生場所
顧客組立ライン
にて発見
数量
3個

総括責任者
山田品質保証部長
連絡先
012-345-6789

顧客窓口
高崎品保部長様
連絡先
012-111-2222

現品処置：	停止及び回収状況	交換品の準備	交換の進捗
責任者 木村製造1課長 **連絡先** 012-345-6780	3月12日16時便より出荷停止とライン生産停止済み 3月12日18時顧客在庫365個回収済み	3月13日15時対策品の試作評価完了。顧客品保部高崎部長に暫定対策品承認 3月13日22:30より対策品出荷開始	3月13日24時より顧客ラインにて交換開始。 3月14日16:25交換完了 3月14日夜勤より通常生産再開。

再発防止：	原因調査状況対	対策状況	再発防止策
責任者 佐藤品証係長 **連絡先** 012-234-6781	3月13日10時原因調査終了。顧客品保部高崎部長に報告済み	3月13日12時対策試作品製作。試作評価開始。 3月13日15時試作評価完了。対策有効の結果を顧客品保部高崎部長に報告済み	

流出防止：	原因調査状況対	対策状況	再発防止策
責任者 浜崎検査課長 **連絡先** 0120-345-6782	3月13日11時原因調査終了。顧客品保部高崎部長に報告済み	3月13日15時全数目視検査体制にて対策品生産の流出防止 3月14日12時亀裂検査機の仕様決定。検査機の発注済み（4月25日納品予定）	

「トラブルの当事者の把握」「トラブル状況の把握」「対応策の速やかな実施」の初動原則により対応する！

具体的行動

　トラブル対応初動3原則に基づいて「トラブル対応管理シート」を準備し、発生時に備える。

RPAの導入で、
ムダな仕事から解放される

●新しい技術を積極的に取り入れよう

パソコンなどのITツールで作業するうえでの業務効率化の手法としてRPA（Robotic Process Automation）の導入が進んでいます。これは、コンピュータで処理する業務プロセスやタスクを自動化する技術です。定型的な業務であれば人に代わって処理してくれるので、ルーティンワークから人を解放し、生産性向上ももたらしてくれる画期的な手法として注目されています。

RPAに代表されるように、AI（人工知能）などの技術が急速に発達していくに従い、人が直接行う作業はどんどん変わっていきます。これらの技術を応用したツールの活用次第で、これまでとは違った仕事のスタイルで生産性向上が実現できるかもしれません。

これは仕事をダンドリ化するうえでとても有効な環境がつくられてくるということです。

ただ、その環境がありながら新しいことに対応していかなければ、宝の持ち腐れです。**テレワークが常態化するなかで業務改革に使える技術やツールを積極的に使いこなしていくことも、ダンドリ仕事術にとってとても大事なことです。**

[RPA の概念図]

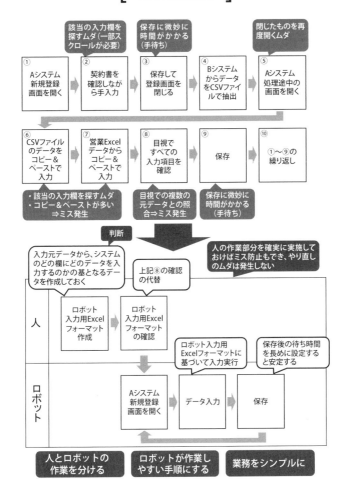

具体的行動

　業務改革に使える技術の現状を把握し、自分の仕事にすぐに活用できそうなものはどんどん取り入れていく。

RPAの特性を知れば、
24時間365日稼動できる

●RPAの得意なこと

RPAについて、詳しく見ていきましょう。

RPAではパソコンでの業務を大量に処理をするのに有効です。ただし、便利だからといって過信は禁物です。ツールはあくまでツールですので、人がきちんと指示を出さないかぎり、その有用性は発揮できません。その技術の特性を知り、その一方で不得意なことも理解したうえで活用しましょう。

さて、**RPAの効果を最大化するには、非定型業務をルール化できる方法はないかを人が考えることです。**事例のように、定型の説明文にキーワードを組み込む等、文章のパターン化をExcel関数等のある種の計算式を利用して、入力内容を自動生成できないかを検討します。一部、文法的におかしなものが出たらイレギュラーとして修正して、「ロボット入力用Excelフォーマット」に反映しておきます。

このように通常は人が行うものだと思い込んでいる業務をルール化して処理することで、RPAでカバーする範囲を増やします。RPAは24時間365日働き続けてくれる優れものです。使い方をよく把握して業務改革のスピード化を実現しましょう。

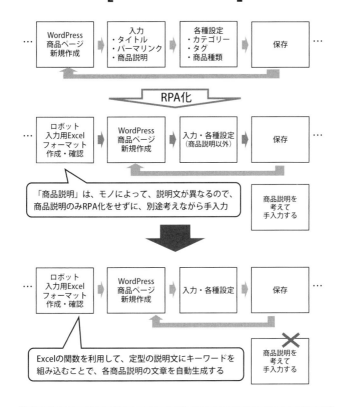

［　RPAでできること　］

入力内容そのものもルール化できないか検討・実施し、
RPA化することを最大限に活かす

具体的行動

　RPAの得意分野と不得意分野を整理し、自分の業務に活用できる分
野は何かを洗い出してみる。

ITツールの活用で、
作業効率はどんどん早まる

●DX時代のダンドリ仕事術

　デジタルトランスフォーメーションの流れがさまざまな業務に入り込んできています。DXと略称されていますが、簡単に言えば、「デジタル技術を活用した経営革新」ということです。新型コロナ禍で経済活動が停滞するなかでも、DXに取り組んでいる企業の多くが業績を上げているといわれています。

　そうしたなかで私たちは**デジタル技術の基本知識を知っておくことが仕事力を向上させるうえで重要**です。

　まずは、身の回りにあるパソコンなどのITツールの操作法の向上です。オフィスソフトなどは基本的な使い方がわかっていても、その応用法を知らない人は意外に多いようです。

　例えばワードやエクセルの操作。マウスを使わずに早く作業処理する方法や機能拡張のアドインソフトの利用で作業効率を上げる方法など、現在さまざまなものが出回っています。これらを知っているかどうかで仕事のダンドリが大きく変わってきます。ワードでしていた作業をエクセルでできることを知っているだけで大幅に時短することができるようになります。さっそくネットなどで調べて取り入れてみましょう。

[　裏ワザ操作で時短を図る！　]

ワードやエクセルでは「ショートカット」という特定の
キーの操作により、作業を効率化することができる！

Word
ショートカット

Excel
ショートカット

マウスを使わない操作が時短
の早道！

ネットや本でショートカット
を調べて使おう！
（Windows版とMac版
それぞれあります）

具体的行動

　オフィスソフトやビジネスソフトの活用法・応用法をネットで調
べ、使えるものはどんどんチャレンジする。

第3章

計画力・時間管理力の法則

定説や成功経験に依存せず、直感的に判断する

●**成長する人に共通すること**

　計画に基づいてプロセスを調整しながら手堅く進めることがミスの少ない仕事の基本ですが、変化の激しい現在、この仕事の仕方は競争力の観点からすると注意が必要です。早い者勝ち、先行者利益と言われるように、ITによる業務効率化が進むなかではスピード意思決定が成功のカギとなっているからです。

　スピード意思決定をするには、定説や成功経験に依存せず、事実を直視し、直感的に判断することです。そして、即実行です。これが、競争力があり成長が著しい会社に共通することです。

　進化・成長する人とは、例えば、改善すべきことがあれば、思い立ったその日のうちに実行し、必要とあれば365日毎日改善に取り組む姿勢を持っています。また、常に事実を直視し、事実から意思決定する姿勢が強く見られます。

　事実を見るとは、小さな変化も見逃さない「蟻の目」で見ることです。例えば、新品ではなく中古品を買う若い人が都市部に現れてきているという事実から、フリーマーケットやレンタルなどによる消費行動を予見し、いち早くその変化に応じたビジネスを展開するようなことです。

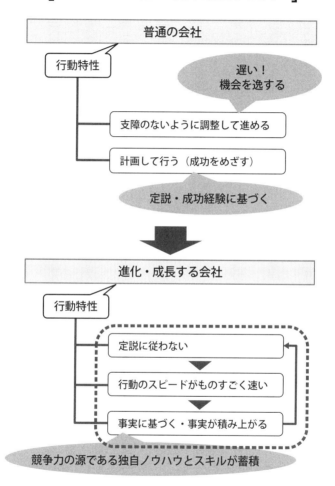

［　スピード意思決定が成長を加速させる！　］

普通の会社

行動特性

遅い！
機会を逸する

支障のないように調整して進める

計画して行う（成功をめざす）

定説・成功経験に基づく

進化・成長する会社

行動特性

定説に従わない

行動のスピードがものすごく速い

事実に基づく・事実が積み上がる

競争力の源である独自ノウハウとスキルが蓄積

具体的行動

　スピード意思決定力を鍛えるために、「定説・成功体験を捨てる」「実行スピードを上げる」「事実から直感的に判断する」。

3色ボールペンを使えば、日程管理がわかりやすい

●予定は「赤」、変更は「青」、メモは「黒」

　予定日時が変更になったとき、皆さんはどのようにその変更がわかるようにしているでしょうか。手帳などでは当初予定に二重線を引いて、改めて変更日時に記入するなどの対応が多いと思いますが、**変更については日時だけではなく、場所や人なども含めて、「赤」などの色で表記すること**をおススメします。なぜなら、色で表記することでパッと見て目に入りやすいですし、1カ月の予定が一覧できる月間スケジュール帳だとアポ入れの履歴がひと目でわかり、自分のスケジュール管理の傾向が把握できるからです。同様にパソコンやスマホでもこのワザは使えます。

　また、紙の手帳でスケジュール管理している場合、3色ボールペンが便利です。例えば、**予定については初めから「赤」で記入**し、手帳を開いたときにすぐに目に入るようにしておきます。**変更があれば「黒」で二重線を引いて予定を消し、変更日時等を「青」で書き入れます。**そして、**その日に会った人やメモしておかなければならないことは「黒」**を使います。予定は「赤」、変更事項は「青」、メモ等は「黒」でメリハリの効いた手帳術も実現できます。

[３色ボールペンで計画力を磨く！]

例えば、
①予定が入ったら「赤」で記入する
②修正があれば、「青」で書き入れる
③その日に会った人や備忘録、所要
　時間などのメモには「黒」を使う

具体的行動

　３色ボールペンを使ってスケジュール管理と行動管理を行ってダンドリ力を上げる。

仕事の時間割をつくれば、計画力が強くなる

● 1週間の時間割をつくろう

中高生の頃、定期試験を前にして時間割をつくることで試験範囲を計画的に学習した人は多いことでしょう。苦手な教科は1日1時間ほどの予備時間を設けたりする、あの試験対策時間割です。

仕事も時間割方式の採用でダンドリよく進めることができます。例えば、スケジュール帳の週間ダイアリーに翌週1週間の大まかな時間割を記入します。アポイントなどやるべきことが決まっているタスクは赤字で記入し、それ以外の事務的なルーティンワークなどは鉛筆で仮押さえして、時間割を埋めていきます。このとき、あまり厳密に予定を入れすぎると、突発的な出来事が起きたときに修正に困るので、少し余裕を持たせます。

時間割によるスケジュール管理を習慣化していくと時間管理力を強くするだけでなく、目標達成力も強化されます。なぜなら、試験勉強と同じで、自分の予定をダンドリながら仕事の成果をあげる習慣が自然と身についていくからです。

さらに、**翌週のスケジュール帳を開く習慣は、仕事全体を俯瞰することでやるべきことが具体的に見えるようになり、計画力がどんどん強くなっていきます。**

[　1週間単位でのスケジュール管理が大切！　]

月・金に留意

週始めと週終わりは仕事の調整が求められることが多い。ここは余裕を持ちたい！

毎日確認

進捗確認のほかに連絡忘れなどミス防止のためにも事前事後の仕事確認を習慣化しよう！

見開き確認

1週間が見開きで見えることで仕事の全体感が感覚的に掴めるようになる。これ、大事です！

気づきメモ

作業時間の記録、会った人の名前など気づきメモをどんどん書き入れて自分流をつくる！

ふせんなども活用して、自分流のダンドリスケジュール管理術を身につけよう！

具体的行動

　週末に翌週のスケジュール帳を開き、アポやルーティンワークをする時間を先に記入する習慣をつける。

117

仕事の密度の見える化で、月間の繁閑調整ができる

●毎月の繁閑のパターンを客観的に見てみる

　交通費や経費などの精算業務など月次処理型の業務はいつから忙しくなるのかがわかっているはずです。また、定期的に店舗を訪問するルートセールスなども毎月一定の繁閑が生じます。「仕事が忙しい」が口ぐせの人もどこかにぽっかりと空白の時間は生まれるものです。ただ、この空白の時間をどう使うかで、その後の自分の成長に大きく関係してきます。**空白の時間を有効化するには、まずは自分の日々の仕事量を客観的に知ることです。**

　それには、日々の仕事量を見える化して「仕事密度」を測り、忙しくなりそうな日の処理業務などを密度の低い日に振り分けるように調整します。その具体的な方法は次のとおりです。

　例えば請求処理など、毎月行うルーティン業務を「タスクカード」に書き出します。これを大判の月間カレンダーの該当の日に貼り付けていきます。カードが集中している日の作業は、カードがない日に振り分けられれば、それで問題は解決します、ただ、どうしても振り分けられないようなら、作業そのものを減らしたりなくしたりできないかを考えるきっかけになりますので、自分の仕事スタイルの改善につながります。

[カレンダーで自分の仕事密度を確認する！]

		1	2	3	4	5
		作業	飛込 作	作業 作業		
6	7	8	9	10	11	12
飛 作業	作 作業	飛込 作業	作業	作業		
13	14	15	16	17	18	19
作業	作 作業		作 作業	作業		
20	21	22	23	24	25	26
作業				作 作 作業		
27	28	29	30	31		
	作業		作 作業	作 作業		

仕事の見える化をすることは、
計画的に業務を進めるための
基本です。

具体的行動

　大判の月間カレンダーと「タスクカード」を用意して、自分の仕事
量の密度を客観的に測ってみる。

マイルストーンを使えば、計画の着実性が高まる

●マイルストーンによるスケジュール管理

　仕事は納期を目指して着実に実行していくわけですが、最終的なゴールまでの期間が長いほど中だるみをしたり、途中で挫折したりして、結果的に目標未達成になったりします。

　そこで大事な考え方が、「マイルストーン」による目標達成のためのスケジュール管理です。 マイルストーンとはそもそもは道路に設置された里程標のことであり、ビジネスにおいて「中間目標点」と訳されています。プロジェクト管理では、着実に計画を進めるために仕事のプロセスごとに中間目標を設定し、効率的に仕事の完了を目指すために使われる手法でもあります。

●マイルストーンの設定方法

　マイルストーンの設定では、まずは計画立案、プロジェクトチームの組織、必要物資の調達、実行、中間報告などの「重要な作業」を抜き出し、それぞれの目標期日を決めます。

　そして、その計画が予定どおり進んでいるかを確認するために、作業とその期日をリスト化する「マイルストーン・リスト」で計画全体を管理します。

[マイルストーン・リストをつくる！]

新製品販促用PRツールの制作の例

予定作業	計画	実績
企画書作成	9/6	9/6
企画提案	9/8	9/8
作業開始	9/10	9/10
協力会社選定	9/10	9/13
外部発注	9/13	9/14
中間報告（課長へ）	9/30	10/5
作業終了	10/22	
報告書作成（課長確認）	10/26	
完了報告（部会で）	10/29	

あらかじめ業務ごとの計画を立て、実績との乖離を見える化し、軌道修正していく

具体的行動

　仕事のゴール（達成すべき目標）に向けてやるべき作業を書き出し、それぞれの目標期日を決めて、スケジュール管理する。

変化点を入れると、
想定外に強い計画になる

●4Mで想定外の予兆を見つける

　仕事には予期せぬ出来事が多く、予期せぬ出来事が起きることを考慮した仕事の計画がダンドリ上手になる秘訣です。つまり、計画立案では想定外のことが起きるかもしれないという心構えが大事ということですが、**想定外を洗い出すには「変化」に敏感になり、「何かいつもとは違っているな」と感じる力を磨くことです。**

　例えば、最近有給休暇の取得が多い人がいる、競合会社が受発注システムを最新型に変えた、いつも仕入れている材料が調達しにくくなっている、これまで使ってきた作業マニュアルがなんだか使いにくくなっている、こうした変化の発生時点を「変化点」といいますが、これが想定外の兆候になることがあります。

　想定外に強くなるには変化点をよく見極めることですが、それには仕事の品質状態をチェックする4Mで確認するとわかりやすいです。**4Mとは、人（Man）・機械やシステム（Machine）・物資（Material）・方法（Method）の頭文字から名付けられた、品質管理の向上を図るために必要な4要素のことです。**

　この4視点から変化点を探し、そこから想定される課題を心配点（リスク）として挙げ、その対応法を計画に組み入れます。

[　「変化点検討シート」を使って計画力を磨く！　]

変化点検討シート

対象業務			
事務用品発注業務			
4M	変化点	心配点（リスク）	対応計画
■人 □システム □物・情報 □方法	ベテラン1名、中堅1名が抜けて、新人2名が入ってくる。	購買経験者の減少と新人教育により、発注業務の負荷が増大する。	新人の教育期間中は、ベテランが残る。
□人 ■システム □物・情報 □方法	発注システムがクラウドタイプに更新される。	ネットへの接続エラーが出ると発注処理が中断する。	中断したデータは取り消して、再発注する方法で対応する。
□人 □システム □物・情報 ■方法	文具店の発注処理が定期発注から、都度発注方式に変更。	都度発注の依頼書が滞って発注モレが起きる。	毎週月曜日に文具の在庫確認をして発注モレを検出。
□人 □システム ■物・情報 □方法	消耗品の商品コードが4桁から16桁になる。	商品コードの入力ミスが起きやすくなる。	商品コードの入力をバーコード一覧表による方法にする。

具体的行動

　計画的に仕事を進めるために、事前に「変化点」を見極め、そこから想定される課題に対する対応策を考えておく。

トラブルを計画に織り込み、代替案を準備する

●トラブルに強い計画づくりの「過程決定計画図」

「計画どおりに進まない」ことの多くは、完了時点までのプロセスを具体的に計画していないことがほとんどです。それまでの経験から成り行きで仕事を進めれば、おおよそのゴールにはたどり着くかもしれませんが、途中のプロセスまで描いていればもっとうまく完了させることができます。

また、うまくいくことを前提にして計画を立てることにも注意が必要です。売り上げ目標など重要な仕事であるほど、トラブルを想定しておくことは仕事の成否を大きく左右します。

ダンドリ上手になるには、トラブルを想定した計画づくりが大切だということです。**トラブルに強い計画づくりに使えるのが、「PDPC法」です。これは製造業で使われる手法で、過程決定計画図（Process Decision Program Chart）という作業の流れ図を描き、そこに発生するかもしれない問題を加えておくことで速やかに代替案に移行させる方法です。**

長期的なプロジェクトだとそのプロセスはいくつもの段階を経ますが、プロセスごとに想定されるトラブルに対して代替案を用意しておけば、突発的な事態にも冷静に対応できます。

[過程決定計画図でトラブル回避を考える！]

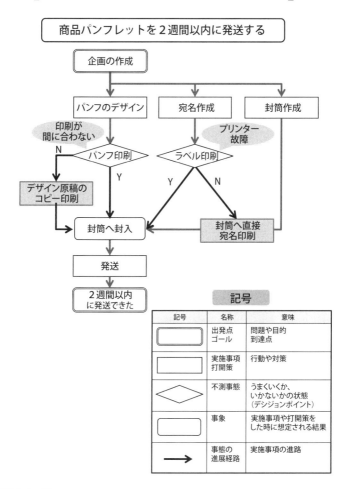

具体的行動

　ダンドリよく仕事を完了させるためにプロセスを具体的に計画し、そのなかにトラブル回避の仕組みを入れる。

変更や追加が多い作業は、あえて着手を遅らせる

●「最遅着手」で納期に合わせる

　仕事はすぐに取りかかり、早く終わらせることに限りますが、場合によっては作業開始のタイミングを遅らせることも必要です。例えば、納期間際になって追加変更となり、その作業が間に合わず、納期遅延となることもあるからです。ソフトウェア開発では作業途中で仕様変更や追加が起きることが多いため、はじめから終わりまでスケジュールを固めてしまうと変更や追加のときに混乱し、予定よりも納期が遅れることになります。それを避けるために、**あらかじめ変更の発生が予想できそうな仕事の場合、まずはできることはどんどん進めますが、変更が起きそうな作業は納期に間に合うことを前提にギリギリまで待つようにします。**

　この手法は「最遅着手」と呼ばれ、納期が決まっている仕事のスケジュール管理に活用できます。例えば、顧客から納期日を指定された商品の発送などの場合です。早めに納品したほうが発送側は安心ですし、顧客も早く届いて喜ぶと思いがちですが納品後に変更があれば双方ともに二度手間になります。

　仕事の基本は「最早着手」ですが、「最遅着手」も必要な場合があること、知っておくとよいでしょう。

[変更の影響を最小化する「最遅着手」]

早い着手は度重なる変更を受けて修正のムダを生む

●予定工数2日の仕事

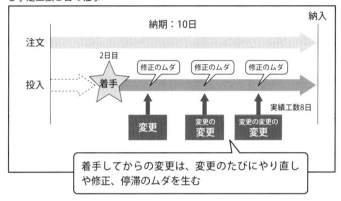

最遅着手で変更の影響を最小にしてムダの発生率を抑える

●予定工数2日の仕事

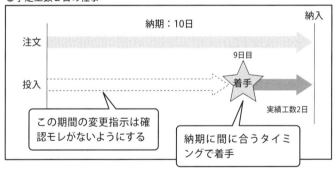

具体的行動

　予定変更や追加作業が予想できる仕事については「最遅着手」を検討し、手戻りがない効率的な納期管理を行う。

完了日から逆算すると、着手日に余裕ができる

●「最遅着手」で計画修正を回避する

　仕事は計画どおりに進んでほしいものですが、作業途中で条件が変わって、計画の修正が余儀なくされることがあります。商品の受発注ではよくあることですね。

　こうした事態に対応した仕事の進め方が前項で説明した「最遅着手」です。例えば、金曜日に納品しなければならない注文があったとして、その手配には3日必要だとすると、水曜日を着手日とします。納品日など完了時点から逆算するこの方法は、極力在庫を持たずにムダを出さないトヨタ生産方式の「ジャスト・イン・タイム」に立脚しているとして製造業でよく採られている方法です。**ジャスト・イン・タイムは「必要なものを必要なだけ」使うことでムダを排除する考え方です。**

　オフィス内の業務でも計画変更が起こりがちな状況であれば、この方法を使えばムダを回避できます。その場合、作業完了の必要日数をそのまま完了日に当てはめるのではなく、必要日数＋1日など少しゆとりを持たせることが安心安全に作業を進めるコツです。最遅着手は変更の影響を最小にして、修正リスクを低減する仕事術というわけです。

[ジャスト・イン・タイムでムダをなくす！]

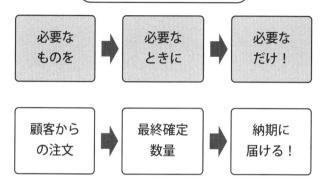

ジャスト・イン・タイムの基本

| 必要な ものを | → | 必要な ときに | → | 必要な だけ！ |

| 顧客から の注文 | → | 最終確定 数量 | → | 納期に 届ける！ |

顧客からの注文のほか、
システム開発など途中変更が多い業務に有効

作業をギリギリまで待つのでは
なく、最終納期に余裕を持って
間に合うように「最遅着手」を
ダンドルことがポイント！

具体的行動

　計画変更が余儀なくされるような仕事では、完了日から逆算して作業開始日を決めることも検討する。

計画段階での情報共有で、修正リスクは激減する

●PDCAのPをチーム内で共有する

　PDCAで仕事力を高めるうえでのP、つまり計画段階はとても重要です。ただ、入念に計画を立ててから実行するのでは、スピードが要求される現在では着手に遅れることになりかねません。**ほぼ6〜8割程度計画に目処が立ったらすぐに実行**、これを心がけてほしいと思います。

　ただし、チームで共有しながら進める仕事の場合、計画段階で関係者同士が合意しておくことは忘れずに行っておきます。

　仕事はスタート時点がとても重要です。それも何人もの人たちが関わるプロジェクト的な仕事ならなおさらです。ひとり仕事なら軌道修正のために小回りが利きますが、人が多いほど調整に手間取り修正が思うようにいきません。

　そうならないために、時間をさほどかけずに計画の精度を上げ、その計画に関わる人全員が実施計画書などが見える状態、例えばグループウェアなどで共有しておきます。グループウェアなら、計画立案の過程から共有することができます。こうして**計画当初から当事者に見える化してすぐに確認できるようにしておくと、修正リスクは激減します。**

[計画段階で情報共有する！]

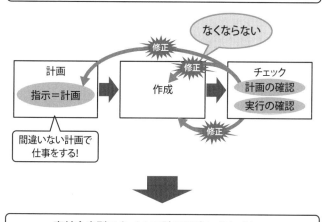

事後の計画確認ではやり直しリスク増

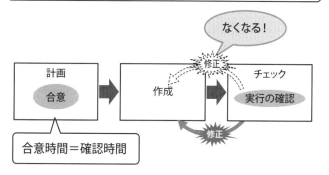

事前合意型スタイルで計画間違いをなくし、
やり直しリスクを低減

具体的行動

　プロジェクト的な仕事は計画段階で関係者が情報共有できる仕組み
をつくっておく。

着手日を見える化すれば、
負荷分散の計画が立つ

●事前にやるべきことの確認を習慣化する

　ダンドリ上手な人は、次の日にやるべきことをスケジュール帳を見ながら前日の夜に確認したり、翌週の全体日程を土曜や日曜に把握しておくことを習慣にしているとはよく聞くところです。

　タスク管理は、完了日や納期だけではなく、そのプロセスとなる分解したタスクを計画しておかなければ、特定の日に仕事が集中しかねません。こうしたことにならないようにダンドリ上手な人は次にやるべきことを前もって確認しておくのです。

●完了日と着手日をセットで計画する

　ここで大事なことは、完了日とともに着手日を決めることです。

　タスクは、1つ1つの作業量が異なります。また、それぞれが関係しながらも、取りかかる順番に制約があったりします。また、作業に必要になるものがいつ入手できるかによって開始日が制約される場合もあります。

　それらを大日程から整理したうえで、分解された各タスクの納期を守り、日々の負荷を分散させて、いつ着手するかを決めます。これを右図のように見える化するとわかりやすくなります。

［　タスクの負荷分散のためのスケジュール管理　］

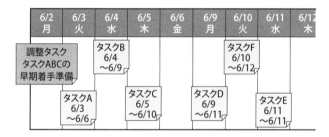

具体的行動

　タスク管理では前もってやるべきことを確認する習慣をつけ、着手日と完了日がセットでわかるように見える化する。

作業記録の小刻みで、見えなかったムダが見える

●時間の使い方を概観してみる

　人にはそれぞれ大なり小なり仕事の流儀があります。出勤したらメールのチェックから始める、またはメールのチェックは時間帯を決めてまとめて行うという人もいるでしょう。やり方はそれぞれ良し悪しがあるでしょうが、ここで大事なことは時間をムダに使ってないかということです。

　自分の仕事スタイルを知るには、仕事の記録を小刻みに取ることです。スケジュール帳に毎日リアルタイムで実施したことを記録し、それを1週間単位で振り返り、トータルで1カ月続けてみます。リアルタイムで記録するのは小刻みに時間を区切るので、終業時間頃になると午前中にしたことがうろ覚えになっていたりするからです。

　こうして自分の仕事を概観してみると、どこにムダがあるかがよく見えるようになります。例えば、起床から家を出るまでの時間、ランチタイム、ミーティング時間など果たしてそこに要した時間は必要だったか、このミーティングとこちらのミーティングは一緒にできたのでは、といったようなことがわかれば、仕事スタイルの改善のきっかけになります。

[自分の時間の使い方を知れ！]

（ 経営の神様ドラッカーの時間管理術 ）

ドラッカーが言うには、「成功者は作業からスタートせず、時間からスタートしている。そして、計画からスタートさせず、自分の時間がどこに使われているかを探す努力をしている」

そして次の3点がポイントだとしている

❶ 時間を記録すること　**❷ 時間を管理すること**　**❸ 時間を整理すること**

作業に人が支配されるのではなく、人が作業を管理するには自分の時間を生み出す技術が大事ということです！

具体的行動

　スケジュール帳に毎日何をしたかを小刻みに記録を取り、1週間、1カ月という単位で時間の使い方を概観してみる。

5分単位の作業記録で、ムリやムダが見つかる

●作業単位に要する時間を測ってみる

　仕事を効率化させるには、毎日最も多くの時間を費やしている業務を改善することです。それには、どの作業にどれだけの時間を要しているかを見える化し、ムダを発見することから始めます。

　1日の作業ごとに要した時間の割合を見える化するには、「ワークタイムシート」が有効です。前業と残業も含む1日の就業時間を5分目盛にした週間ダイアリーをエクセルで作成し、作業ごとに要した時間を記録していくことで、1日の実作業時間を計測します。

　こうして自分の実働時間を客観的に眺めてみると、どこにムリやムダがあるかが発見でき、働き方を改善する動機づけになります。感覚的には効率的に仕事をしていると思っていても、実働時間を見てみると意外に自分が思っているようにはなっていないことに気づけます。まずは週単位で始め、月単位で継続していくことで自分の時間の使い方や仕事の仕方のクセが見えてきます。

　日々の仕事を分刻みで記録していくのは開始当初は面倒かもしれません。しかし、こうした小さな改善が積もっていくことで大きな成果を生む土壌ができるのです。

[業務ごとの実働時間を記録しよう！]

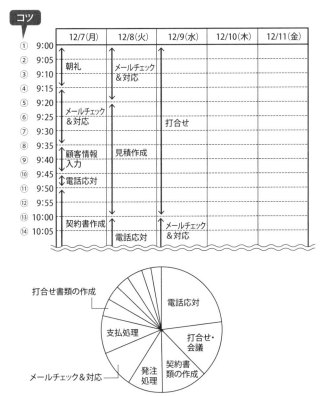

ワークタイムシートの時間目盛に順番を振っておくと、時間の集計をスムーズに行うことができる！

具体的行動

　５分刻みで仕事が記録できる週間ダイアリーを準備し、業務ごとの実働時間の記録を１カ月つけてみる。

「標準時間」の見える化で、生産性とスキルが上がる

●タスクカードに「標準時間」を書き入れる

出勤後にコーヒーを飲みながら新聞を読み、その後に仕事を始めるというのは昔はよく見られたオフィス風景でした。こうした仕事スタイルはもはや見かけなくなりましたが、出勤後にダラダラと準備を始め、その日のダンドリを考えずに無計画に仕事をするマイペースの人、意外に多いようです。

仕事のダンドリや手順を考えずに、目の前の作業をただこなすような仕事スタイルだと生産性が上がらないうえに、スキルもなかなか上がっていきません。**こうしたダラダラ作業から脱するには、「標準時間」を設定して、それを見える化することです。**

「標準時間」とは、一定の条件のもと、標準的な作業者がある作業を行う際に準備から作業完了までに要する時間のことです。製造現場での工程管理で活用されている時間見積もりですが、これをオフィス業務に応用します。それには、まずはアポ入れ時間帯、見積書作成など職場での適正な標準時間を計測します。そして「タスクカード」を複数枚用意し、そのカード1枚につき1作業の標準時間を記入します。これを目安にすることで、自然と時間管理の意識が生まれてきます。

[　タスクカードに標準時間を記入する！　]

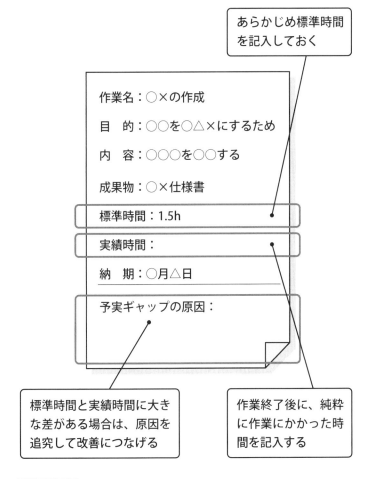

あらかじめ標準時間を記入しておく

作業名：○×の作成

目　的：○○を○△×にするため

内　容：○○○を○○する

成果物：○×仕様書

標準時間：1.5h

実績時間：

納　期：○月△日

予実ギャップの原因：

標準時間と実績時間に大きな差がある場合は、原因を追究して改善につなげる

作業終了後に、純粋に作業にかかった時間を記入する

具体的行動

「標準時間」を書き入れる欄を設けたタスクカードを使って予定時間（標準時間）と実際時間（実績時間）の差を計測してみる。

各作業の総時間がわかると、ストレスがなくなる

●「時間制限枠」で作業時間の調整力を高める

　あらかじめ今日やるべき仕事がどれくらいあり、それが今日中に終わらせられるかが読めれば、その日の時間の使い方がおおよそわかり、気持ちに余裕が生まれます。なかなか気づかないかもしれませんが、**仕事の全体の流れと限られた時間内で終えることがわかることでストレスのない働き方ができるのです。**

　限られた時間でやるべき仕事をこなすためには、「時間制限枠」を使います。「時間制限枠」とは、その職場で1日に使用できる総時間を明確にし、その時間をどの仕事にどれだけ割り当てるかを時間チケットで見えるようにしたものです。

　例えば、3人の職場で8時間就業の場合には、24時間の枠になります。今日やらなければならない仕事A、B、C、D、Eにそれぞれ4枚、1枚、2枚、3枚、2枚の「時間チケット」を発行します。ここでは時間チケットの1枚を2時間としています。そして、A作業の開始後2時間経過するごとに1枚のチケットを取っていきます。B作業の場合、1枚使い切っても終わらなければ他の仕事のチケットを回すか、残業チケットを発行します。これは、仕事時間の調整力を身につけるうえで有効です。

[「時間チケット」を使って時間調整力を高める！]

時間制限枠

チケット単位：2時間
メンバー：（α君、β君、γ君）

全体で24時間（8時間×3名）
分のカードを予定する

仕事	予定	実績
A作業	□ □ □ □　8時間	
B作業	□　2時間	
C作業	□ □　4時間	
D作業	□ □ □　6時間	
E作業	□ □　4時間	

時間チケットの単位は初めは2
時間くらいの大きさで徐々に1
時間、30分と短くしていく

4時間後 ⬇

α君はA作業を2枚（4時間）分行った
β君はB作業を2枚（4時間）分行った
γ君はC作業を2枚（4時間）分行った

仕事	予定	実績
A	□ □	□ □　時間が足りない！
B		□ □
C	□ □	
D	□ □	
E		□ □

B作業が延びてしまっ
たのでD作業の時間を
B作業に割り当てた

具体的行動

　作業ごとの総時間を把握するために「時間チケット」をつくり、実
作業で使ってみて、時間調整の改善を図る。

時間チケットを使えば、タスク遂行力も高まる

●時間管理を見える化する

　時間管理は、「このタスクは何時から何時までに行う」といったように時刻で時間指定して行うことが多いのではないでしょうか。イベントなどではこうした計画法であれば進行管理上安心できますが、日常の業務ではあまりきっちりとタスクごとに時間を区切って計画すると、ある作業に遅れが生じるとその後の作業もすべて予定時刻が狂うことになります。

　そこでオススメなのが、タスクごとの時間を見積もることです。例えば、提案資料の作成、日報の記入、経費精算など日常よく発生する業務についてどれだけの時間を要するかを記録し、それらの作業におおよそどれほどの時間が必要かを計算しておきます。

　そのうえで、前項で説明した「時間チケット」を10分とか15分の短時間版にして、1日に処理すべき作業項目の横に予定作業時間分の枚数を貼っていきます。仮に1日7時間であれば、15分カードなら28枚、30分カードなら14枚を作業項目ごとに貼っていきます。

　こうして作業ごとの時間を量として見る習慣をつけることで、効率的な仕事スタイルが身につきます。

[　タスク時間の量を見える化する！　]

	開　始		終　了
アンケート調査	9:00	〜	10:10
交通費精算	10:10	〜	10:40
休憩	10:40	〜	10:50
営業会議資料作成	10:50	〜	11:50
サイト分析	12:50	〜	14:10
顧客訪問準備	14:10	〜	14:40
休憩	14:40	〜	14:50
営業会議	14:50	〜	15:50
メルマガ執筆	15:50	〜	16:50
明日の出張準備	16:50	〜	17:00

1日9：00〜17：00 ──→ 7時間　　　10分 ×42枚

アンケート調査

交通費精算

休憩

営業会議資料作成

サイト分析

顧客訪問準備

休憩

営業会議

メルマガ執筆

明日の出張準備

予定変更は工数チケットを動かすだけ。時刻では管理しない。

具体的行動

　日常的に行うタスクはそれぞれ要する時間を記録し、タスクに応じて１日の時間配分を決める。

143

月間タスクを見える化し、行動意識を刺激する

●カレンダーが最強のツール！

　仕事というもの、忙しいときもあれば暇なときもあります。経理部門などでは月末に近くなると請求や支払いなどの業務が集中し、残業せざるを得ない状況が発生します。これをなんとか時間に余裕のあるときに処理して、仕事時間の平準化をしたいところですが、業務によってはそう簡単にはできません。

　これが職場の現実だといって、そのままにしておけば、何も改善していきませんよね。この状態をなんとかしたいのであれば、現実を見える化することです。その最もカンタンな方法が、**小さなタスクカードをつくり、それを大型の月間カレンダーに貼ることです。**こうして月間の繁閑を一目瞭然にします。

　人間は頭のなかでイメージするよりも、目に見えたり触れたりしたほうが現実をしっかりと認識できるものです。そのインパクトが行動喚起のもととなります。

　このときのポイントは、忙しい時期よりも暇な時期に注視することです。暇なときにできる仕事はないかと意識が向くようになるからです。この作業はカレンダーでなくても手帳の月間ページと小さなふせんを使うのでもいいでしょう。

[大きなカレンダーにタスクカードを貼る！]

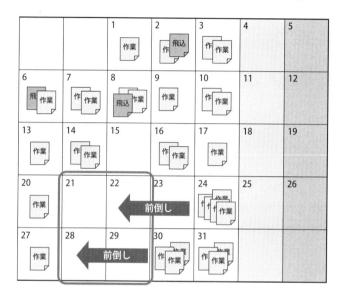

全体を眺め、空いている時間に注視し、その空いた時間を有効に活用するには何をすべきかを考えることで計画力も磨かれる！

具体的行動

　小さなタスクカードをつくり、大きめの月間カレンダーにそれを貼りつけ、仕事の繁閑の現実を見る。

残業チケットを発行して、仕事状況を見える化する

●ダンドリ上手らしい取り組み方

　ダンドリ上手と言われるには、残業せずに規定時間内で仕事を終えることが常態化していることです。ただ、そうは言っても、繁忙期や顧客の要請に応じなければならない場合には、残業せざるを得ないことはあります。こうしたとき、言われるまま脈略なく残業するのではなく、**ダンドリ上手らしい残業の仕方を工夫してみましょう。**

　その方法の1つに、「残業チケット制」があります。 これは、残業が必要なとき、残業チケットを職場で発行してもらう仕組みです。職場内で毎月の残業チケット総数枠を設定して、その総数枠内で残業を抑えるようにします。

　残業チケットには「残業の理由と業務内容」を記入し、そのチケットを大判の壁掛け月間カレンダーに貼っておきます。または、グループウェアのスケジュール管理ソフトを使うのでもよいでしょう。**こうして残業することが見える化することで、自然と残業を減らす意識が自分にも職場全体にも生まれるようになります。** また、メンバーの残業の状況が見えることで、仲間の仕事を気づかう風土づくりにもなります。

[「残業チケット」で残業ゼロをめざす！]

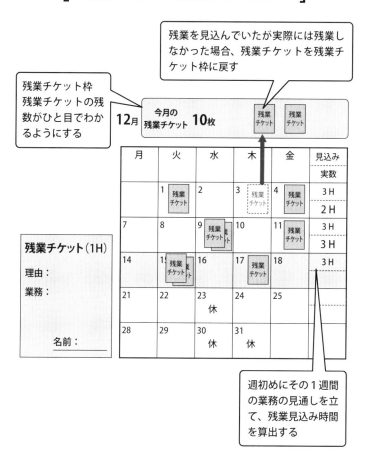

残業を見込んでいたが実際には残業しなかった場合、残業チケットを残業チケット枠に戻す

残業チケット枠
残業チケットの残数がひと目でわかるようにする

12月 今月の残業チケット 10枚

残業チケット（1H）

理由：

業務：

名前：

週初めにその1週間の業務の見通しを立て、残業見込み時間を算出する

具体的行動

　残業チケットと大判の月間カレンダーやチームのスケジュール管理ソフトを使って、残業状況を見える化する。

147

企画力・問題解決力の法則

収益性・成長性・生産性で、自分の仕事を捉える

●**事業観を身につけよう**

　みなさんがいましている仕事は、直接的間接的にかかわらず会社の経営を成り立たせるためのものです。そう考えながら仕事をすることで、自分は会社に収益をもたらす役割を担う一員だと認識できるようになります。これが事業観というもので、**事業観が備わると自分の仕事の意味がよくわかるようになります。**

　事業観を身につけるには、「**収益性**」「**成長性**」「**生産性**」の3つの視点で自分の仕事を捉えるようにします。

　①収益性の視点

　投資した費用や時間に対してどれだけの利益を生み出しているかを見る。投資した以上に利益をあげられているかどうかという感覚が大事。

　②成長性の視点

　現在の仕事の成長余地を見る。改善や変革を行うことで業務のレベルを向上させていく。

　③生産性の視点

　自分のパフォーマンスがどれだけの付加価値を生み出しているかを見る。ムダをなくし、価値を増やす仕事の仕方を考える。

[　事業観を磨く３つの視点！　]

	考える視点	具体策（例）
収益性	投資した費用や時間が生み出す利益は？	・売上と利益 ・時間単位の売上 ・個人売上高に対する自分の給与の割合（給与の何倍の売上があるか） ・残業ゼロの仕事スタイルの確立
成長性	現在の仕事をより良くする改善点は？	・自分のやり方と職場のルールの問題点 ・改善点、業務変革の余地の探索 ・職場のメンバーが楽になるアイデア
生産性	自分の仕事が生み出す付加価値とは？	・仕事の付加価値を見出す ・自分の仕事が顧客にもたらすこと ・顧客にもっと喜ばれるアイデア ・自分だからできる付加価値の生み出し方

> 自分の仕事は「顧客」「会社」「社会」に対してどんな意味を持つのかを考えることが事業観を磨くには大事！

具体的行動

　自分のいましている仕事を３つの視点から分析してみて、自分は会社の事業にどのように貢献できるかを考える。

付加価値を考えることで、仕事の意味が見える

●自分の仕事はどんな付加価値が提供できているか

　私たちが日頃行っている「仕事」とは突き詰めて考えると、「付加価値の提供」ということになります。モノやサービスの販売ならそれを買う人は自分の役に立つからであり、会社の労務・人事・経理などの管理業務は従業員が働きやすくなるための価値の提供といえます。つまり、付加価値のない仕事は時間の浪費であり、ムダなことなのですぐにやめるべきです。

　逆に、**付加価値の高い仕事はどんどん強化し、生産性・収益性・成長性を高めていくことが組織を強くする条件です。**

　ビジネスの付加価値は商品やサービスに目が行きがちですが、それ以外、例えばEC（電子商取引）が普及した現在では当日や翌日配達などの配送、操作方法を教えてくれるサポートサービス、誰にでもわかりやすい決済方法などいろいろとあります。

　付加価値は競争優位に立つためにとても重要なことです。そこで、いまの自社のビジネスではどの機能に付加価値があるのかを分析し、そこをいち早く強化や変革していくことが大事です。**仕事の付加価値を問い直すことは、あらゆるチャンスに誰よりも早く手をつけるために必須のプロセスになります。**

[　付加価値を高める４つの視点！　]

仕事の付加価値を高めるとは、新しい方法を導入したり、これまでのやり方をより良く改善して、便利になったり、やりやすくなったりすることで生産性が上がること。

それには次の４つの視点が大事！

改善
もっと良いやり方やツールはないか？

削減
ムダな作業やコストを減らせないか？

流用
他でうまくいっている方法が使えないか？

結合
他の機能を合わせられないか？

具体的行動

　いまの自分の仕事は「誰に対して」「どのような付加価値があるか」を考えて、仕事そのものを捉え直してみる。

弱みを逆手に取れば、強みに変えられる

● SWOT分析で強みと弱みを知る

　企画で大事なこと、それは**アイデアに独創性があり、その独創性が魅力的であることです。そして、競争力があり、実現可能なことも大事なポイントです。**こうした条件を満たす企画を考えるために便利な手法にSWOT分析があります。

　SWOT分析とは、事業戦略やマーケティング戦略を考えるときに使われるフレームワークであり、**「強み（Strength）」「弱み（Weakness）」「機会（Opportunity）」「脅威（Threat）」の４つの視点の分析から、自社にとって優位的な市場機会や解決すべき事業課題を発見することができます。**

　機会と強みを活かし、脅威と弱みは補完するという使い方が一般的ですが、使い方次第でアイデアの独創性と競争力は飛躍的に高まります。独創性と競争力のあるアイデアを考える場合、脅威と弱みに着目します。**脅威を機会に変えるアイデアと弱みを強みに変えるアイデアの「逆転の発想」が他がなかなか真似できない独創的なアイデアを生み出します。**

　例えば、企業規模で劣ることを逆手に取れば、小さな規模だからこそできる小回りの効くビジネスが展開できます。

[SWOT分析の例]

SWOT分析

ビジョン 携帯電話、携帯端末技術をベースとして、マルチデバイス化とM2M化に向けたマルチ通信端末とチップセットビジネスの国内シェアNO.1を実現		脅　威	機　会
		自社・競合ともに受ける脅威 ・OSベースの海外技術標準のデファクトスタンダード化による独自サービスの衰退 ・データ伝送量の急激な増加による通信トラブルの頻発確立	自社・競合ともに得る機会 ・Wi-Fiサービスの進展・拡大と固定＋移動の融合 ・マルチデバイス化の拡大とM2M化の進展
強み	自社の強み<>競合の弱み ・高密度集積技術による機器の小型化の高い設計開発力 ・Wi-Fi通信と5G通信モジュールとチップセットの高い開発力	**他社を引き離すチャンス** マルチ通信モジュール搭載製品の開発による通信トラブルに強いブランドの形成	**飛躍のチャンス** 超小型マルチ通信チップセットによる携帯端末以外のM2Mデバイス市場への進出
弱み	自社の弱み<>競合の強み ・独自規格で開発したアプリが多く、海外技術標準に使えない ・スマホ用アプリ開発は外部委託が中心で社内にノウハウが蓄積されていない	**ビジネス喪失の危機** 貧弱かつ業界標準に乗り遅れたアプリによるスマホ、携帯端末市場でのビジネス喪失	**他社に引き離されるリスク** 通信と管理アプリの整合性の脆弱性からのM2Mデバイス市場での伸び悩み

分析結果からの対応策

一般的対応

| 機会と強み | ➡ | 活かす |
| 脅威と弱み | ➡ | 補完 |

転換へ

| 脅威と弱み | ➡ | 機会と強みに転換 |

具体的行動

　自分のいまのビジネスの強みと弱み、そのビジネスに影響する機会と脅威をSWOT分析で見える化する。

「脱・常識」で考えると、新たな発見や発想ができる

●競争力の高い企画発想法

ビジネスの企画では「競争力」がカギになりますが、競争力が高いとはどのようなことをいうのでしょうか。

究極的には、「**他社ができないことができること**」ということです。わかりやすく言うと、**常識的に考えればやらないこととか、これまで誰も気がつかなかったことをできるようにすること**です。筆者はこれを「脱・常識」と称していますが、**「脱・常識」から企画を考えるには、「顧客要求」「自社の業績」「経営環境」「自社の強み」の４つの視点がポイントになります。**この視点で現状分析をし、さらに次の３つの視点から企画のコンセプトを煮詰めます。

① 変化・成長

量的な増減や時間の長短ではなく、質の変化や向上という点から、現状よりも高い状態を想像して考える。

②挑戦

難しいと思って避けていることに着目して考える。

③転換・打破

メリットをデメリット、またはデメリットをメリットと逆に捉えて考えてみる。

［　競争力のある企画を考える！　］

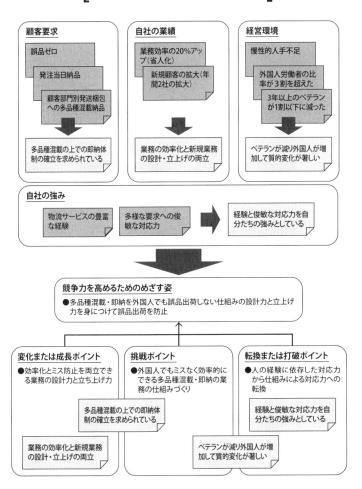

具体的行動

　自分の仕事についての現状分析をし、「変化・成長」「挑戦」「転換・打破」の視点から企画コンセプトを考えるようにする。

企画の成否の判断は、
業績評価手法を使う

●バランス・スコアカードの４つの視点

　仕事上の企画とは、会社の業績に貢献するために行うことです。**企画が成功したかどうかを判断するには、業績評価の指標を使うとわかりやすいです。**このときに使える方法が「財務」「顧客」「業務プロセス」「学習と成長」という４つの視点から業績評価をするバランス・スコアカード（BSC）の考え方です。BSCは戦略実行のための方法であり、企画は目標を明確に設定して実行していくことなので、BSCの４つの視点をチェックリストにするとやるべきことがシンプルに整理できます。

　①財務の視点（ここでは「財務」を「業績」と捉えます）

　利益を増加させるためにはどんな企画テーマにするか。

　②顧客の視点

　顧客満足を実現させるにはどのような施策が必要なのか。

　③業務プロセスの視点

　目標達成のための役割分担や外部協力などをどうするか。

　④学習と成長の視点

　企画実行のためにどんな知識やスキルを身につけなければならないか。

［　BSC視点で業務改善シナリオを考える！　］

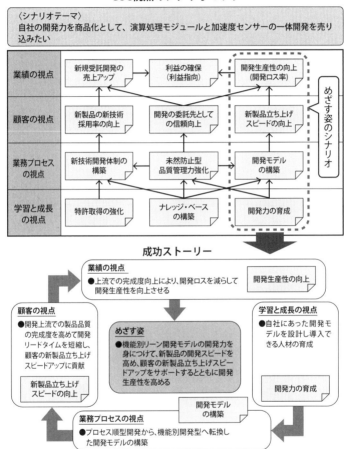

BSC視点のシナリオマップ

〈シナリオテーマ〉
自社の開発力を商品化として、演算処理モジュールと加速度センサーの一体開発を売り込みたい

業績の視点	新規受託開発の売上アップ	利益の確保（利益指向）	開発生産性の向上（開発ロス率）
顧客の視点	新製品の新技術採用率の向上	開発の委託先としての信頼向上	新製品立ち上げスピードの向上
業務プロセスの視点	新技術開発体制の構築	未然防止型品質管理力強化	開発モデルの構築
学習と成長の視点	特許取得の強化	ナレッジ・ベースの構築	開発力の育成

めざす姿のシナリオ

成功ストーリー

業績の視点
●上流での完成度向上により、開発ロスを減らして開発生産性を向上させる

開発生産性の向上

顧客の視点
●開発上流での製品品質の完成度を高めて開発リードタイムを短縮し、顧客の新製品立ち上げスピードアップに貢献

新製品立ち上げスピードの向上

めざす姿
●機能別リーン開発モデルの開発力を身につけて、新製品の開発スピードを高め、顧客の新製品立ち上げスピードアップをサポートするとともに開発生産性を高める

学習と成長の視点
●自社にあった開発モデルを設計し導入できる人材の育成

開発力の育成

業務プロセスの視点
●プロセス順型開発から、機能別開発型へ転換した開発モデルの構築

開発モデルの構築

具体的行動

　企画の達成目標を設定したら、BSCの4つの視点からやるべきことを整理する。

数字で説明すると、企画は通りやすい

●数字で成功の根拠を示す

会議などで企画を通す場合、つくり込んだパワポや熱弁でもうまくいかないことがあります。では、きれいな資料や上手なプレゼン以外で必要な要素とは何でしょうか。

ポイントは、数字によってその企画の必要性と効果が具体的にわかるようにすることです。「大きく売れる可能性がある」と言われるより、「3カ月で1000万円の売り上げとなる」と言われたほうがわかりやすいですよね。企画を通すには、数字で語ることが大事なのです。数字での説明、次のようなことがポイントです。

①金額を示す

ビジネスの場合、最終的に売り上げ、費用、利益がどうなるかが大きな関心事。

②実施シナリオの目標数値を示す

実施プロセスごとのねらいとその目標値で説明されると聞き手は瞬時に提案内容が理解できる。

③調査データを示す

企画の成功を裏付ける調査データも必ず数値で示すようにする。根拠を示すには数字が最もわかりやすい。

[　企画は数字を使って提案する！　]

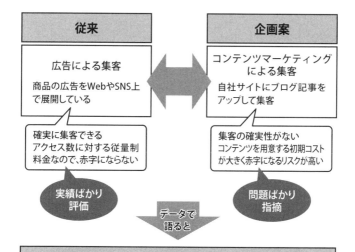

企画案：コンテンツマーケティングによる集客

〈集客に必要なコンテンツ数（記事数）とアクセスの見込み〉
100記事以上で開始6ヶ月以降からアクセス数が増加
1記事あたり平均150アクセス／月の集客（他社調査結果）
開始1年後の集客数：20記事／月 ×150×12＝36,000アクセス／月

〈集客に必要な工数と費用〉
集客に必要なブログ記事数：20記事／月
1記事あたり2000文字として記事作成公開に必要な工数3時間
1ヶ月の必要工数20記事 ×6時間＝120時間
1ヶ月の費用120時間 ×3,000円＝36万円

〈企画の投資対効果〉1年後の時点での評価
1アクセスにかかる費用：36万円 ÷36,000＝10円
Web広告の1アクセス費用：60円
効果（60円－10円）×36,000＝180万円

具体的行動

　企画提案では、聞き手が提案内容を具体的に理解できるように数字
で説明すると賛同されやすい。

企画実行のプロセス管理は、数値で成否を判断する

●「シナリオ評価計画」で進行管理する

　企画を成功させるには、最終目的に至るまでのプロセスごとのねらいと評価指標を設定した「シナリオ評価計画」での進行管理が有効です。

　企画の成功、つまり目標の達成までにはいくつかのプロセスを踏むことが普通です。例えば、教育研修サービスを動画で展開するなら、サービスの告知→集客→申し込み→リピート誘導などのプロセスを経て、利用者に顧客になってもらうようにします。このプロセスをシナリオにして流れるように展開できれば、目標達成への道筋がイメージしやすくなります。

　ここで大事なことは各プロセスのねらいが目標値をクリアしているかどうかです。計画どおりに目標達成させるために使われる指標にKPI（Key Performance Indicator；重要業績評価指標）がありますが、このシナリオ評価計画はKPIを応用したものです。KPIは最終ゴール（目標達成）に着実に到達するための仕事のダンドリ指標ともいえるものですが、数値で評価することで誰もがその成否が判断できます。

[シナリオ評価計画の例]

シナリオ評価計画

	シナリオ項目	ねらい	KPIと目標
シナリオ 1	自社の企業ブログへの集客	顧客のニーズの高いテーマでブログを執筆し、ブログ閲覧者を増やす	KPI：ブログアクセス者数 目標：月間20万アクセス
2	ブログからの動画サービスサイトへの誘導	ブログ閲覧者に動画サービスで興味を引き出し、サービスサイトの閲覧数を増やす	KPI：サービスサイトへのリンクのクリック率 目標：2%
3	動画サービスへの申込み誘導	動画サービスへの申込み数を増やす	KPI：申し込み率 目標：7%
4	動画サービスの継続利用施策	動画サービスの継続率を高める	KPI：継続率 目標：80%以上

具体的行動

　企画の実行段階になったら「シナリオ評価計画」をつくるために
KPIを考える。

問題を数値で表すと、
その程度が具体的にわかる

●定性的な事象も数値化してみる

　仕事をダンドリよく進めるうえでまず大事なことは、課題の発見です。仕事を進めるにあたって何が課題なのかが具体的にわかれば、今後の方向性が見えてきます。

　このとき大事なことは、自分が考えている課題は果たして本当に課題なのかどうかを見極めることです。それには数値で検証し、客観的に判断することです。例えば、「売り上げが減った」ことは事実でも減少幅が小さければ課題とは言えないかもしれませんが、大きければ確かに課題として捉えることができます。

　このように課題や問題の発見を感じ取ることに加え、その感じ取ったことを数値に置き換えられるかどうかが重要です。人は大きいとか小さいとか言われてもその程度が具体的にわかりませんが、「150％の増加」「マイナス80％」などと言われてはじめてその程度が理解できます。

　こうしたとき、数量で答えが出せるような場合はすぐに数値化すればいいですが、事象などの定性的なことも数値で表現できるようにすることに留意します。例えば、クレームの内容のなかからキーワードを抽出し、その頻度をカウントするなどです。

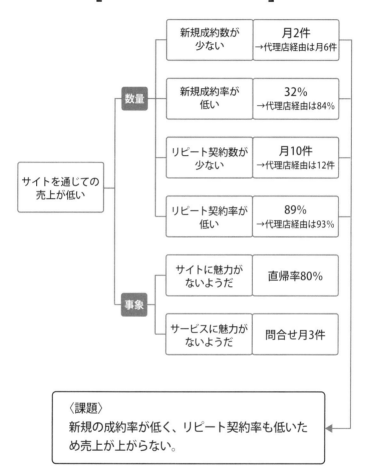

［　問題解決は数値で考える！　］

具体的行動

　問題や課題を考えるとき、それらはどの程度のレベルのものなのか
数値にしてみて判断する。

品質管理の4Mの視点が、現状の課題をあぶり出す

●人・機械・材料・方法の4つの視点から課題を見つける

　仕事を快適に進めるには障害となる課題を1つ1つ解決していくことですが、その課題を考えるときの目安があれば、網羅性と具体性のある課題の洗い出しができます。

　このとき参考になるのが、製造現場の品質管理における問題解決に使われている4Mの視点です。「人(Man)」「機械(Machine)」「材料(Material)」「方法(Method)」の4つのMから問題点を発見するために使われるものですが、これを自分の問題解決に応用するには以下の点がポイントです。

　①**人(Man)**：効率的に仕事を進めるには、作業者のスキルと知識、経験が最大要素といえる。そこに問題があれば、どのような改善が必要かを考える。

　②**機械(Machine)**：設備やシステムとも言い換えられる。性能に問題があれば、良いパフォーマンスは発揮できない。

　③**材料(Material)**：仕事に必要な素材のこと。販売業なら仕入れ製品、飲食業なら料理や飲み物など。

　④**方法(Method)**：仕事の進め方、やり方のこと。ムダやムリがある方法かどうかを確認する視点。

[4Mの視点で課題を探す！]

対象業務		担当の作業配置計画	
4M	分類	異常の基点	異常による影響
人	能力	配置計画作成の経験が不足している。	配置計画の考慮不足から、過負荷や余剰のある計画を作成する。
	考え方	計画ありきの考え方が強い。	計画を強制して、実行上の環境や問題を無視し、トラブルが多発。
	行動特性	月に1回まとめて処理をする。	月1回の処理のため、処理方法を忘れて間違える。
設備・システム	仕様	作業配置計画をエクセルに毎回、入力して使っている。	毎回、入力するため入力ミスが起きやすい。
	性能	配置シミュレーションができない。	ケース毎の問題を予測できない。
	劣化	配置計画の能力基準をメンテナンスしないため実態とずれてくる。	基準と実際の能力が乖離し、要件と能力のミスマッチが発生。
原材料製品・情報	性能・特性	能力判定情報が主観で判定されているため、判定者によって違いがある。	同じ能力判定であるにも関わらず、能力の過不足、適合・不適合が発生。
	傾向	作業スピードに偏った能力判定情報。	品質や安全面の能力判定が不十分となり、品質・安全のトラブルが発生。
	バラツキ	能力判定の元情報である作業実績データがばらついている。	平均値から能力を算出するため、低い方に能力が振れたとき能力不足となる。
方法・手順	ダンドリ方法	有給取得計画を事前に収集できていない。	配置計画で考慮しきれていない有給取得によって、要員不足が発生。
	作業方法	日毎の工数合計を電卓で計算して、入力している。	計算ミス、入力ミスが発生。
	判定基準	工数の合計時間だけで計画の適切性を判定している。	個人の能力差から、能力の過不足が発生。

具体的行動

　人・機械・材料・方法の４つの視点それぞれから仕事を進めるうえでの問題点を探してみる。

問題発見力を磨くと、潜在的な課題が見えてくる

●ツリー展開で問題の真因を突き止める

　仕事のできる人は問題解決力が高いといわれますが、何かトラブルにあったときへの対応力が強いということです。ビジネススキルとしてとても重要ですが、問題解決力と同時に問題発見力もダンドリ上手になるには身につけておく必要があります。

　問題解決力は起こったトラブルの対応であるのに対し、問題発見力はこれから起こるであろうトラブルの芽（原因）を見出す能力です。先が読みにくい現在では、問題発見力のスキルのほうが重要だともいわれたりします。

　問題の原因を発見するには勘に頼る方法もありますが、論理的に導き出す方法もあります。それが「ツリー展開」です。「樹木解析」「系統図法」などといわれるもので、問題や課題を引き起こす直接原因（要因）を洗い出し、その直接原因を現象と見立てて、さらにそれを引き起こす直接原因を洗い出すというように、枝分かれのように展開していきます。3〜5段階まで展開すると真因といわれる原因の候補が洗い出されてきます。その候補を影響度、発生率、損失などから評価し、最も重要度の高いものを選択することにより、真因を洗い出します。

[　ツリー展開で真因を探る！　]

現象 → 直接原因

現象 → 直接原因

現象 → 直接原因

請求金額を間違えて請求

- 請求先を間違えた
  - 請求書の送付先を間違えた
    - 請求書の封筒の宛名ラベルを貼り間違えた
    - 請求先住所を手書きで書いて間違えた
  - 請求データが入れ替わってしまった
    - データ入力時に請求先コードを入力ミスした
    - データ入力時に入力原票を取り間違えた
- 請求金額の計算を間違えた
  - 請求伝票が紛れ込んだ
    - 請求書のファイリング時に顧客を間違えた
    - 納品書と請求書の照合時に紛れ込んだ
  - 計算ミスをした
    - 電卓での計算時に二重入力／飛ばしをした
    - 金額の検算を忘れた

具体的行動

　自分の担当する業務に何か問題となりそうな芽はないかを考えるために、ツリー展開を使ってみる。

原因をつながりで見ると、効果の高い真因がわかる

●問題の真因を探る「連関図法」

　関係者やプロセスが多岐にわたる仕事の場合、問題が1つとは限りません。メンバーの作業スピードの違い、外部の協力会社の態勢、思いもしないアクシデントなどいくつかの原因が絡み合っている場合、何が一番の問題であるかを特定することが困難になります。

　こうした複雑な問題解決のときは、原因を「起因」と「真因」に分けて整理します。起因とは問題に直結した原因のことであり、真因とは起因を発生させた原因のことです。例えば、「なぜ大幅な売上減少となったのか？」という問題の場合、起因が「客足の減少」、起因の発生となったのが「コロナ禍」という関係です。

　この整理に使えるのが「連関図法」です。右図にあるように、原因の相互関係を矢印でつないで見える化するツールであり、問題に対して直接矢印がつながっているものが起因となり、問題には直接つながらず、起因にのみつながっている原因が真因となります。

　問題の因果関係が図解できるので、客観的な視点から問題の核心がわかるようになります。

[連関図法で真因を探る！]

連関図法

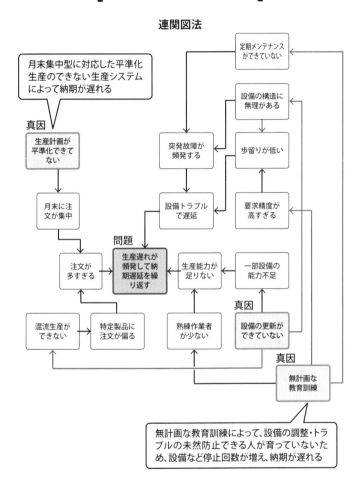

月末集中型に対応した平準化生産のできない生産システムによって納期が遅れる

無計画な教育訓練によって、設備の調整・トラブルの未然防止できる人が育っていないため、設備など停止回数が増え、納期が遅れる

具体的行動

　問題を「なぜ～なのか？」という問いの形にして、その原因について「起因」と「真因」に分けて整理してみる。

グラフで読み解けば、現実が見えるようになる

●データから現実を見る力を磨く

問題解決や問題発見では、現状と目標のギャップを定性的に分析することのほかに、例えばギャップの差異や時系列的な変化、ユーザーの属性とその相関性など定量的に分析することも必要なため、結果をグラフなどに見える化するための統計スキルも磨く必要があります。

統計処理でのポイントは、現状を「ボリューム」「推移」「割合」「相関性」の4つの視点から見るようにすることです。

①ボリューム：大きさの比較。影響の大きさ、基準との差異という視点から状況が把握できる。

②推移：時間経過のなかでの変化。成長や鈍化、変動、安定という視点から状況が把握できる。

③割合：全体に占める割合。全体やまとまりのなかにおける影響度、性質、順位という視点から状況を把握する。

④相関性：2つ以上の事項の比例関係。物事の因果関係の有無、関係の定義や強さの視点から状況を把握する。

1つのデータをこれら4つの視点から見たり、組み合わせて評価することで分析力は高まります。

[　事象は定量的に評価する！　]

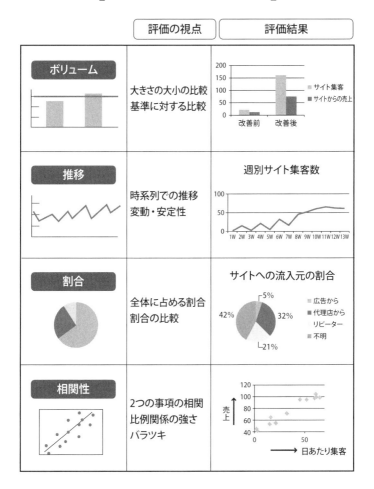

具体的行動

　物事を定量的に分析する力を磨くために、基本的なグラフの意味や用途を把握しておく。

課題設定を誤ると、解決策の実行がムダになる

●なぜ課題設定が大事なのか

　問題解決において課題の設定が大事なのは、課題そのものが的外れであるとその後の実行段階で労力、時間、費用がムダになるからです。また、課題には違いなくてももはや解決すべき課題でなければ、これもムダということです。だから、課題の設定には注力しなければならないのです。ここが間違うと、ボタンのかけ違いのようにその後の進捗で問題が発生します。

●小さく始めてリスクも小さく

　課題の設定が正しいかどうかを確かめるには、実際に解決のための作業を進めることが一番わかりやすいのですが、大掛かりなプロジェクトの検証などでは仮に問題が発生したら収拾がつかなくなるので、実際に近い形でシミュレーションしてみることで代替します。

　まず、何を検証するかを設定し、その検証方法を小さな規模で実施します。いわゆる課題設定のプロトタイプというものです。ここでおおよそ問題ないと判断できたら、実際の問題解決のプロセスに入ります。小さく始めて、リスクも小さくする方法です。

[課題設定のためのシミュレーションの例]

影響度検証シミュレーション・プラン

問題1
●提案プロセスで訴求性の低い提案であると同時に、費用イメージができない提案となっている

	ねらい	方法
1	訴求性ある提案であれば、見積もり後の失注率は下がるか検証	提案書の訴求点の重きの置き方を3パターン変えた提案書を作成して、既存顧客に協力いただき、アンケート評価してもらう。評価の高かったパターンの提案書を試行的に使い失注率を測定する。
2	費用イメージを明確にした提案であれば、見積もりを経ず、直接受注となる割合が増えるか検証	費用算定のできる資料、投資対効果のイメージできる資料を2パターン作成し、試行的に提案書に添付して、資料の有無、パターンの違いで直接受注となる割合を測定する。

問題2
●資料請求プロセスで直接受注を前提とした資料になっていない

	ねらい	方法
1	導入手順、準備事項のイメージできる資料にすれば、直接受注となる割合が増えるか検証	導入手順、準備事項のイメージできる資料を2パターン作成し、試行的に添付して、資料の有無、パターンの違いで直接受注となる割合を測定する。
2	費用イメージを明確にした資料であれば、直接受注となる割合が増えるか検証	費用算定のできる資料、投資対効果のイメージできる資料を2パターン作成し、試行的に添付して、資料の有無、パターンの違いで直接受注となる割合を測定する。

具体的行動

　課題設定が正しいかどうかを検証するには、まずは小さくシミュレーションしてみる。

業務プロセスの問題点は、図にするとわかりやすい

●「プロセス・パフォーマンス・チャート」で見える化する

　営業などでは、顧客ごとに異なるプロセスを経て成約に至ることが多いのではないでしょうか。例えば、展示会で名刺交換した方にアポイントを取って訪問し提案する場合や、広告を見た方から資料請求があり訪問する場合、資料請求からいきなり受注する場合など成約までのプロセスは顧客ごとに異なったりします。

　こうしたとき、何が受注または失注の要因になるか、一定の法則をつかむのはなかなか難しいかもしれません。

　ただ、営業にはアポイント→訪問→提案など基本的なプロセスがありますので、自分の営業スタイルの課題を発見するには右図のようにプロセス図を描いてみるのがいいでしょう。この例ではプロセス間のつながりがスムーズか否かという点で課題を洗い出しています。問題があるプロセスは流れが滞るので、ここが課題だとわかります。ここではさらに、通過数とその割合を数値化してより正確に問題点を導き出しています。このチャート図のことを「プロセス・パフォーマンス・チャート」といいます。

　問題解決は複雑な要素も絡むことが多いので、図にして見える化することで全体構造がわかりやすくなります。

[　プロセス・パフォーマンス・チャートの例　]

プロセス・パフォーマンス・チャート

〈問題点〉提案プロセスで訴求性の低い提案となっている。費用イメージができない提案となっている。
訪問説明を経て提案した案件の83％は、見積もりとなり、その内の53％が受注しているが、47％は失注している。提案しても金額で落とされているということは、提案内容が価格を凌駕する訴求性あるものとなっていない可能性がある。または、費用イメージができない提案になっていた。

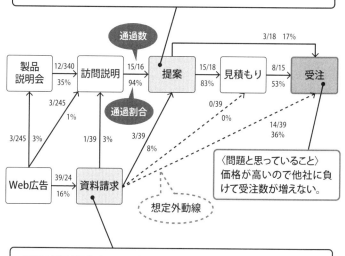

〈問題と思っていること〉
価格が高いので他社に負けて受注数が増えない。

想定外動線

〈問題点〉資料請求プロセスで直接受注を前提とした資料がつくられていない。
受注につながる流れの実態は、資料請求からの流れが主流となっているにもかかわらず、提案を前提とした流れで仕事がされていた。資料請求の資料は直接受注を想定したデザインでなく、資料請求からの直接受注の可能性を下げている。

具体的行動

　業務プロセスを「プロセス・パフォーマンス・チャート」にしてみて、自分のやり方の問題点を探る。

シナリオに沿った実行で、計画どおりに解決する

●自分の力量に合った実行計画をつくる

　問題解決では何が最も重要な解決すべき課題かを設定することがゴールに到達するために大事なことです。売り上げの減少なら、客数の減少、売れ筋商品の陳腐化、競合の台頭など問題の真因を特定し、それを課題として設定することがカギになります。

　ただ、その課題の解決策が絵に描いた餅にならないことに気をつけなければなりません。これはどういうことかというと、解決に向けて焦り、理想的な姿に向けて最終ゴールを設定することで、現実には理想のゴールとのギャップが大きすぎて成功には至らないということです。現状を見ずに実現したい姿だけを追うことは、絵に描いた餅のように現実にはなり得ないのです。

　問題解決の実行は、まずは自分が使えるリソースを理解したうえで目指す姿に手順を追って進むことです。それには、**問題解決のための実行計画をシナリオにして見えるようにする、つまりやるべきことを見える化するということです**。そのシナリオの各プロセスごとに「めざす姿」と「現状の姿」を明示し、そのギャップを埋めるための活動を常に確認しながら着実に行うことで計画的に最終ゴールに進んでいくのが理想です。

［　課題解決はシナリオで流れを見る！　］

めざす姿
- ●革新的開発モデルの開発力を身につけて、新製品の開発スピードを高め、顧客の新製品立ち上げスピードアップをサポートするとともに開発生産性を高める

	シナリオ項目	めざす姿 （After）	現状の姿 （Before）
1	革新的開発力の育成	自社にあった革新的開発モデルを設計し導入できる人材がいる。	プロセス順型開発の教育と経験ある人材しかいない。開発モデルの設計・導入の知識・経験のある人材も皆無。
2	革新的開発モデルの構築	プロセス順型開発から、革新的開発型へ転換した開発モデルが構築されている。	社内の開発体制・手順・方法及びツールがすべてプロセス順型開発を基礎としてできている。
3	新製品立ち上げスピードの向上	開発上流での製品品質の完成度を高めて開発リードタイムを短縮し、顧客の新製品立ち上げスピードアップに貢献している。	開発内容の高度化により作業量が増加する一方で開発プロセスを改善する力がないため、人員投入で短納期開発に対応している。開発後半で問題が多発し、その処置に時間がかかり、開発が慢性的に遅れている。
4	開発生産性の向上	上流での製品の完成度が向上でき、開発ロスを減らして開発生産性が向上している。	短納期開発対応のための人員投入、開発後半での問題多発によって、開発コストは高くなり開発生産性は下がる一方。

（シナリオ）

具体的行動

　課題を設定したら、ゴールに向けてシナリオをつくり、プロセスごとに理想と現実のギャップを埋める活動を行う。

問題解決ロードマップで、実行することを明確にする

●目的地までの旅程表

　問題解決の方法を実行していくにあたって、効率的に進めるには「問題解決ロードマップ」が有効です。問題解決をダンドリよく進めるには、まずはやるべきことを列挙し、最終ゴールまでの日程をつくることです。いわば目的地までの旅程表といえるものなので、ロードマップというわけです。問題解決だけではなく、納期が決まっているプロジェクト的な仕事を計画的に進めるうえでも有効な手法です。

●問題解決ロードマップのつくり方

①現状を起点として最終ゴール（目標）と達成期限を決める

例）リピーターを前期よりも20%増やす

②ゴールに至るまでに必要なことを列挙する

例）目玉となるサービスの選定、顧客へのサービスの認知方法、集客のための顧客インセンティブ、など

③施策実行からゴールまでのスケジューリング

例）1週目：実行計画づくり、2週目：実行準備、3週目：実行、4週目：評価と振り返り、など

[問題解決ロードマップでやるべきことを決める！]

問題解決ロードマップの例

目的
- 多品種混載・即納を新人でも誤品出荷しない仕組みの設計力と立上げ力を身につけて誤品出荷を防止

対象
- ピッキング業務の設計・立上げ

ステップ3：新人を前提とした仕組の確立
- 確立した仕組みを新人でも迷わず、効率的にできるサポートの仕組みの設計と立ち上げ、確立に向けての改善

運用体制づくり

ステップ2：誤品出荷しない仕組みの確立
- 設計されたピッキング業務において誤品出荷しない仕組みの設計と立上げ、確立に向けての改善

コアづくり

ステップ1：多品種混載・即納業務の設計
- 問題解決の前提条件である多品種混載・即納に対応したピッキング業務のプロセスと手順の設計

基盤づくり

具体的行動

　解決すべき問題を特定したら、具体的に何を実行すれば目的は達成できるかを考えて実行計画をつくる。

問題行動とそのプロセスに、焦点を当てて答えを探す

●「問題行動×プロセスマトリクスシート」で課題を見つける

　他の人にはできていることが自分にはうまくできないということがあります。人に限らず組織にも得意不得意があり、クセがあります。そして、得意不得意やクセが、仕事の成否を左右する「課題」であることが少なくありません。**自分の得手不得手やクセを知るには、自分や組織にとって問題だと思う行動を文字にして列挙するとわかりやすくなります。**

　このことを認識すると、他ができて自分ができないことの解決策が見出せるようになります。例えば、新規顧客がなかなか増えないという場合、まずは何が問題行動なのかを思いつくかぎり列挙していきます。それから新規顧客を獲得して制約に至るまでプロセスを時系列に列挙します。この「問題行動」と「プロセス」の2つでマトリクスをつくり、どこに問題があるかを見える化します。これを単純化したものが右図の「問題行動×プロセスマトリクスシート」です。

　ヒット商品を生み出せないなどの課題を解決するには「問題行動」を「ヒット商品開発のキーポイント」に置き換え、プロセスのどこに問題があるかがわかれば糸口が見つけられます。

［　問題行動×プロセスマトリクスシートの例　］

ウェブサイトの活用ができていないため、新規契約数が増えない。

〈問題行動×プロセスマトリクスシート（例）〉

最上流が対策優先

◎(3点)：強い関連あり　○(2点)：関連あり　△(1点)：若干の関連あり

問題行動（仮定） ＼ プロセス	サイト公開	Web広告	資料送付	訪社アポ	訪社営業	見積り	評価
顧客に情報が届けられない	◎(3)	△(1)					4
潜在顧客を引き寄せられない	◎(3)	◎(3)	◎(3)	○(2)			11
見込み顧客を識別できない	○(2)	◎(3)	△(1)	◎(3)	○(2)		11
タイミングを逸する（遅れる）			○(2)	◎(3)		○(2)	7
相手に伝わる説明ができない	◎(3)		◎(3)	○(2)	◎(3)	△(1)	12
見積もりが合わない					◎(3)	○(2)	5
評価	11	9	9	9	8	6	

潜在顧客を引き寄せるサイトになっていない

具体的行動

　他ができて自分にできないことについて、問題行動は何かを列挙し、最大の課題に焦点を当てる。

問題を正しく認識し、その根拠をデータで示す

●問題解決は手順を踏むのがセオリー

「問題行動×プロセスマトリクスシート」をつくる際の問題行動は思いつくものを列挙しますが、列挙したことが問題行動として適切かどうかの判断に迷う場合もあるかもしれません。ここに間違いがあれば、大元の課題解決に役立たなくなるので注意が必要です。**課題解決を誤らないようにするには、問題行動が事実であることをデータで示すことです。**

これはまず、列挙した問題行動について定量的に把握できる調査を実施し、データで検証してみます。例えば、「ウェブサイトへの集客が弱い」ことが課題なら、閲覧状況などの数値を分析したり、ネット調査を実施したりしてデータで根拠を示します。

問題解決では、問題を正しく認識することがスタートラインです。そして、その問題は何が原因で発生したのか、原因は1つなのか複数あるのか、過去に似たようなケースがなかったのか、似たようなケースがあればその解決策が参考にならないか、こうした手順を踏むのがセオリーです。この流れのなかで、問題の認識とその原因究明のための調査・分析を正しく行うことが、その後のプロセスをスムーズに進める秘訣となります。

[　問題行動をデータで確認！　]

問題解決の基本手順

問題の正しい認識　→　発生原因の究明　→　解決策の立案　→　解決策の実行

問題の原因を分解

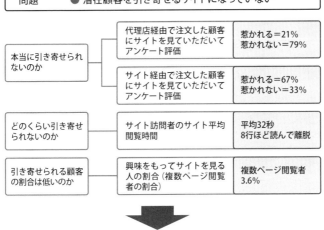

問題	● 潜在顧客を引き寄せるサイトになっていない

本当に引き寄せられないのか
- 代理店経由で注文した顧客にサイトを見ていただいてアンケート評価 → 惹かれる＝21%／惹かれない＝79%
- サイト経由で注文した顧客にサイトを見ていただいてアンケート評価 → 惹かれる＝67%／惹かれない＝33%

どのくらい引き寄せられないのか
- サイト訪問者のサイト平均閲覧時間 → 平均32秒／8行ほど読んで離脱

引き寄せられる顧客の割合は低いのか
- 興味をもってサイトを見る人の割合（複数ページ閲覧者の割合） → 複数ページ閲覧者 3.6%

広く顧客を引き寄せるサイトとはなっていない。しかし、サイト経由で注文した顧客は、他の顧客よりサイトに惹かれる割合が高いことから、特定の顧客を十分に引き寄せることのできるサイトにはなっている。
サイトは注文の決め手にはなっていないが、代理店経由の注文者の79%がサイトに惹かれておらず、この人たちと同じ潜在顧客を取りこぼしている可能性はある。

具体的行動

　問題行動を列挙したら、それが問題行動として正しいかどうかをデータで検証する。

第5章

職場の活性化・チーム力の法則

自律的な職場は、
ムダな打ち合わせが少ない

●建設的なコミュニケーションを意識しよう

コミュニケーションが多いほど生産性が高い職場と思われがちですが、一概にそうとは言い切れません。そのコミュニケーションが日程調整や問題対策、進捗確認、修正検討などであったらどうでしょうか?

その都度打ち合わせしないと仕事が先に進まない、人によって納期がバラバラになっているので、そのための対策会議も多いという状態になっているとしたら、進捗管理の仕組みがなく、自律的に仕事ができていない職場ということです。職場内の人たちはコミュニケーションが取れていると安心しているかもしれませんが、これでは生産性の向上は保証できません。

ムダなコミュニケーションに気づき、もっと建設的なコミュニケーションに改善するには、PDCAなどのツールにより仕事の進捗管理が自律的に回るようにし、グループウェアのスケジュール管理機能を使って職場内の仕事の進み具合をメンバーがリアルタイムで共有できる仕組みにすることです。

生産性向上のためのコミュニケーションとは何かを考えること、それがダンドリよく仕事をするコツです。

[コミュニケーションを活性化する！]

活性化が必要な職場の特徴

①管理者が仕事をメンバーに丸投げしている

②トラブル対策についての会議が多い

③仕事の進捗についての確認・調整が多い

④一部の人には必要のない情報もCCメールで一斉配信される

⑤正常に進行しているときだけ、報告がなされている

職場環境の改善ステップ

ステップ1

ムダな会議や打ち合わせ、慣例的な集まりをなくす

ステップ2

人に依存しない、自律的に進捗管理ができる仕事環境をつくる

ステップ3

仕事の質と生産性が高くなる、意味のある会議や打ち合わせ
のルールをつくる

> リモートワークなどで対面コミュニケーションが制限さ
> れる職場の場合、意味のあるコミュニケーションの取り
> 方にはどんな方法があるかを考えてみることも大事！

具体的行動

PDCAなどの進行管理ツールを使って仕事が自律的に回る仕組みを
つくり、ムダなコミュニケーションをなくす。

声かけタイムのルール化で、集中できる環境に変える

●集中を途切れさせない工夫

集中して仕事をしているときに不意に声をかけられて、それまでのペースが崩されてしまうことがあります。とくに、忙しかったり急を要する作業中の場合はモチベーションが一気に下がります。モチベーションが下がれば生産性も下がります。**一説によれば、人は深い集中に入るのに23分要するとのことです。集中が途切れることは時間のムダでもあるのです。**

集中力の妨げになる職場環境を改善するには、次のようなコミュニケーションのルールを決めて、メンバー間で共有します。

①声かけメール（声かけカード）を使う

声をかけられる側のペースで対応できるように、用件はメールや声かけカードを使う。

②声かけタイムを決める

始業時前後、昼食時前後、休憩時前後など声かけタイムをあらかじめルール化しておく。

③声かけしてもいい場合を決める

緊急時など突発的に報告や連絡すべきことは何かを職場内で決めて共有する。

[集中力を切らさない仕組みをつくる！]

話しかけカード

要件：報告　連絡　相談

話しかけたいこと：

希望日時：

担当：＿＿＿＿＿＿＿

残業ゼロを実現した女性用下着メーカーでは、「がんばるタイム」と称して、12時30分から14時30分の2時間は割り込みを禁止し、自分の仕事だけに集中するようにした。

具体的行動

　職場内での集中タイムと声かけしてもいいルールを決めて、「声かけカード」などのツールを準備する。

気持ちを見える化すると、チームの共助力が高まる

●ニコニコカレンダーを活用する

　海外では一般的なジョブ型（各人がそれぞれの役割を決めて、労働時間ではなく職務に応じた成果で評価する人事制度のこと）の働き方が日本でも今後増えてくるようになると、１人で仕事を完結させなければならない場面が多くなりそうです。

　そうなると、お互いの仕事の進捗や問題解決の状況はわからない状態のなかで、自分が苦しい状況になっても他の人も同様に追い込まれているかもしれない、みんな頑張っているのに自分だけ弱音は吐けないという雰囲気が孤立感を生み、メンタル面で問題を引き起こしかねません。

　孤立感を感じる職場では、お互いの気持ちを見える化する工夫が必要です。

　「ニコニコカレンダー」は、お互いの気持ちの見える化に有効なツールです。仕事が始まるとき、その日の自分の気分のシールをニコニコカレンダーに貼るだけで、メンバー同士それぞれの状態がわかります。例えば、やる気が下がっていたり気持ちが落ち込んだりしている人がいれば、サポートしようというようにチームの共助力が高まります。

［　ニコニコカレンダーの例　］

…良い状態　…普通の状態　…気分低下の状態

	10/1	10/2	10/3	10/4	10/5	10/6	10/7	10/8	10/9	10/10
佐々木	😄	🙂	🙂	😣	🙂			😄	😄	🙂
杉山	🙂	🙂	😣	🙂	🙂			😄	😄	😄
今村	😄	🙂	😄	🙂	🙂			🙂	😄	🙂
土川	🙂	😣	😣	🙂	🙂			😄	😄	😄
都築	😄	🙂	🙂	🙂	😣			😄	😄	🙂

「ニコニコカレンダー」は壁に貼っておき、マークは出勤時に自分で貼る。退社前に自分の1日を振り返って、気持ちを切り替え、明日はどうしようかと考えることが大切！
朝会などで職場のみんなで見て声がけを行うのもよい（ただし、程度の問題などもあるのでそのあたりは注意が必要）。
1日分のみでなく、毎日の推移を見ていくことがポイント！

具体的行動

　ニコニコカレンダーと気分の状態シールを準備し、職場内に貼り出す。もしくはグループウェアで運用する。

活動星取り表の活用で、職場のやる気が出る

●「自分もやらなきゃ」と思わせるツール

　仕事を頑張っている人のプロセスを見える化し、やる気を後押しするツールに「活動星取り表」があります。

　このツールは縦軸を名前、横軸に日付を入れた、目標に対しての日々の行動が一見してわかる表です。これを職場に掲出し、計画どおりに行動している人にシールを貼ったり、印を付けます。日々の業務に追われ、つい怠け心が生じそうなとき、その心を奮い立たせるためにこの表をメンバーが見える場所に掲出します。他のメンバーが頑張っていることをこの表で知ることで、「自分もがんばらなきゃ」とモチベーションを上げる効果が期待できます。

　「活動星取り表」は貼り替えずにどんどん重ねて貼っていくことがポイントです。自分たちが毎日どれだけがんばってきたかの履歴がわかるようにするためです。

　なお、オフィス内に掲出するのではなく、エクセルシートなどでこの表を作成し共有フォルダに入れておけば、在宅勤務などでメンバー同士がなかなか容易に集まれなくても運用は可能です。エクセルシートならどんどんシートを増やしていっても場所をとりません。

[　活動星取り表　]

コツ①

活動星取り表

コツ②

改善ネタの提出　1件／日

	12／1（火）	12／2（水）	12／3（木）	12／4（金）	12／7（月）	12／8（火）	12／9（水）	12／10（木）	12／11（金）	12／14（月）	12／15（火）
織田	★	★									
片岡	★		♥								
古林	♥	★	♥								
山本	♥	●	●								
竹中		♥	●								
鈴木	●	●	♥								

コツ①：毎月重ねって貼っていくことで、活動履歴がわかる。
コツ②：例えば、改善活動が職場のテーマの場合、「数値目標」を
　　　　明記することで、成果が定量的に確認できる。

具体的行動

　活動星取り表を作成し、メンバー個々の目標に対する活動を見える
化する。

ピースボードの活用で、褒めの職場に変わる

●褒めの職場がモチベーションを上げる

　個人の持つ知恵の多くはその人のなかにしまい込まれ、何か仕組み化していないと職場内でなかなか共有されることがありません。とくにオフィスワークにおいてはメンバーそれぞれが個別の仕事があるため、他のメンバーがどのような手順・方法で業務を行っているのか見えにくくなっています。こうした状況ではメンバーがどんなアイデアを使って業務を行っているのかがわからず、"良い仕事"をしていても評価できません。

　そこで、人に感謝されたり褒められたりしたことをそのつどふせんに書き留め、「ピースボード」というシートに自分で貼り付けるように仕組み化しておくことで、メンバーの"良い仕事"が見える化し、共有できるようになります。

　そして、ふせんに書かれたことを朝礼やミーティングなど共有できる場で管理者やリーダーが発表し、内容によって"これはすごい!!"と"ナイスアイデア！"に振り分けます。

　こうして客観的な視点による他のメンバーからの褒めによって、仕事における自分の長所に気づくことができ、職場全体のモチベーションアップの効果も期待できます。

[　ピースボードで褒めの風土をつくる！　]

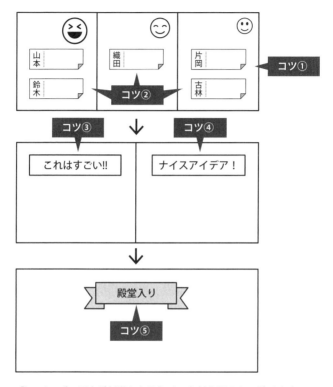

コツ①：メンバー同士が刺激しあうため、名前を記入して貼り出す。
コツ②：褒められ度を「大」「中」「小」で分ける。
コツ③：目からウロコ的なアイデアは、「これはすごい!!」に移す。
コツ④：それ以外は「ナイスアイデア！」に移す。
コツ⑤：全員が実施でき、習慣化されたアイデアは「殿堂入り」に移す。

具体的行動

　ピースボードをつくり、良い仕事に対しては褒めることを推奨する
職場の雰囲気にしていく。

職場の不満の解決で、ミスは少なくできる

●不満足チェックリストを使う

　仕事や職場環境に対する不満足とミスの発生率は比例関係にあります。不満が多い職場ほどミスの発生率は高くなります。不満が多いと就業マインドは下がり、「適当でいいや」という姿勢となり、これがミスを増やす要因の1つになります。

　例えば、人事評価が上司の好き嫌いに左右され、自分は上司から嫌われていると感じていたら職場への帰属意識を失います。これがひどくなるとわざとミスをして、上司に迷惑をかけようと考えるかもしれません。不満は放置せず、対話しながら解決するようにしましょう。

　就業マインドを高め、仕事への前向きな姿勢を醸成し維持するためには、メンバーが抱えている不平不満を明らかにすることから始めます。それには「不満足チェックリスト」を使って、物理的環境面、業務時間、人間関係、処遇などについて多面的かつ客観的に洗い出します。1人がチェックするのではなく、メンバー全員で話し合い、みんなで検討することがポイントです。

　解決策についても共に話し合い、できないことを認め合うことも必要です。

［　不満足チェックリスト　］

No.	領域	項目	チェック
1	物理的環境	作業環境（空気の汚れ、におい、温度、明るさ、音、作業空間の広さ、レイアウトなど）について、不快感・圧迫感を解消する対策を行っている。	
2		長い時間職場で過ごすうえで、必要不可欠な生活上の施設・設備を確保してある。	
3		継続した就労のために必要な範囲の疲労回復設備を確保してある。	
4	業務時間	長時間労働の対策として、限度を超えた時間外労働を削減するための投資や調整を行っている。	
5		時間帯および休日の偏りを解消する平準化計画を立案し調整を行っている。	
6		自由意思で、いつでも好きなときに有給休暇が取得しやすい風土づくりを行っている。	
7	人間関係	職場内での信頼感を形成するための対策を行っている。	
8		メンバー同士がコミットメント意識を醸成するための対策を行っている。	
9		健全な競争意識と協業意識を形成するための対策を行っている。	
10	処遇	客観的かつ合理的な給与体系があり、開示されている。	
11		企業が任意に定める福利厚生の制度があり、一般的なものが整備されている。	
12		職種や所属について、要件と希望のミスマッチおよびギャップを解消する対策を行っている。	
13		客観的かつ合理的な評価基準があり、基準と評価結果が公開されている。	

■具体的行動

　職場内で不満に思うことをみんなで洗い出し、みんなで解決策を話し合うことで就業マインドを高める。

依頼や指示はメモで伝え、双方の誤認識をなくす

●ディスコミュニケーションをなくすメモによる指示

　仕事の依頼や指示を文書にして伝えれば、その内容は意図どおりに伝わります。しかし、いちいち文書にしなくてもわかるだろう、こんなことは常識だとして敢えて指示しないことで双方の理解のズレが生じることがあります。とくに、こうした問題は世代間の違いから起きがちです。

　例えば、顧客から上司と一緒に会食に招かれて、上司から「お礼をしておくように」と言われたので、翌日、メールでお礼を伝えたとします。しかし、上司は封書でお礼状を出すものとして言ったつもりがそうではなかった。これは部下と上司の「常識」の違いによることですが、意外にこのようなことはよくあるのではないでしょうか。

　こうした双方のコミュニケーションミスをディスコミュニケーションと言ったりしますが、相手に意図どおり行動してもらうための指示は口頭だけでなく、要点を書いたメモを渡しておけば間違いはありません。依頼や指示は双方向コミュニケーションですので、双方がはっきりと共有しておかなければ手戻りが起こり、ムダが生じることになるので注意が必要です。

[　一方通行の依頼・指示は誤認識の元　]

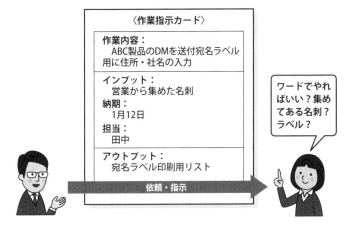

[　依頼・指示は往復で誤認識防止　]

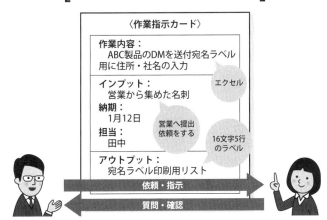

具体的行動

　依頼や指示をするときは要点を記したメモを使って双方で確認し、意図したことが確実に共有できるようにする。

メモやカードを使えば、内容が整理されて伝わる

●口頭ではなく、書面で伝える

仕事の連絡はメールで関係者に一斉配信しておけば、全員にスピーディに伝わると思いがちですが、これには注意が必要です。そのメールを開くのは人によってタイムラグがあるからです。なかにはメールが来たことに気づかない人もいるかもしれません。

また、仕事のトラブルで起こりがちなことに、「言った」「聞いてない」という情報の誤認識があります。言った人が相手から「聞いてない」と言われて、「もしかしたら言ってないのかも」と思うだけならいいですが、大事な指示が伝わっていなければ、仕事に大きな抜けが出て、その修正で労力のムダにもなります。

仕事上手な人ほど、依頼や指示は口頭ではなく、伝言用のメモやカードなど書面で行うようにして「言い忘れ」「聞き間違い」を防ぐようにしています。また、書面にすれば、相手に対してやってほしいことを整理して伝えることもできます。

簡単な連絡事項ならメールやチャットでもいいですが、書面にして相対して渡しながら説明をすれば、その場で確実に伝えたいことが伝わるので安心できます。これも、ダンドリ上手の仕事術です。

［　依頼・指示は確実に伝わる方法で！　］

出荷便を半日早く出さないと
いけないけど、A製品だけ、
出荷便には間に合わないな。
他の製品だけ先に送ることに
しよう。

A製品の納品を遅ら
せて明日の便に載せ
ればいいんだわ。

A製品を
後送しておいて

わかりました

出荷便を半日早く出さ
ないといけないけど、
間に合わないA製品は
納期を遅らせられないか
ら特別便を出そう。

〈作業指示カード〉

作業内容：
　　A製品の後送処理

インプット：
　　A製品を出荷するための特別便
を設定して本日中に出荷する手
配処理

担当：　　田中

アウトプット：
　　A製品出荷特別便設定指示書

A製品の納品を遅ら
せられないんだわ。

具体的行動

　依頼や指示のとき、伝言カードを相手に渡しながら行い、誤認識等
を防ぐ態勢をつくる。

要求事項の見える化で、期待成果のズレがなくなる

●「作業依頼カード」で依頼者と受け手のズレをなくす

　仕事の依頼や指示では、どのようなアウトプットを要求しているかを依頼や指示を受ける人がはっきりとわかっていないとやり直しなどのムダが起きかねないので注意が必要です。

　例えば、上司が部下に「さっきの打ち合わせの内容をまとめておいて」と指示したとして、部下は「会議の議事録をつくればいいんだな」と思って、数ページにわたる文書を作成したとします。でも、指示した上司は要点を書いた１枚程度の打ち合わせメモでよかったとしたら、部下はムダな作業をしたことになります。

　こうならないために、**仕事の依頼・指示では、要求するアウトプットをわかりやすく伝えることを習慣にします。これには「作業依頼カード」などを用意して、依頼者（指示者）と受け手の双方がはっきりと確認するルールを決めておきます。**このとき、「目標値」「期限」「結果報告の方法」などがわかるようにした「作業依頼カード」にします。

　カードなどの書面にするのは、双方の認識合わせを確実にするためですが、口頭で行うにしても右図の「作業依頼カード」の項目はきっちりと合意してから作業をはじめるようにします。

[作業依頼カードの例]

提案書

提案の全体像を
しっかり伝えたい

提案内容が具体的にイ
メージできるように詳
細説明を充実しよう

提案内容がイメージできるように
提案書を作成してください

目標・合否判定基準を明示して仕事の適正を伝える

〈作業依頼カード〉

作業内容：
　ABC社向けXYZシステム概算提案
書作成

目的：
　ABC社において来期XYZシステム
導入の予算取りのため

アウトプット：
　ABC社向けXYZシステム概算提
案書（PPTデータ）

目標は数値を明らかにす
る合否基準には、合否の
判定の要件を明確に！

目標／合否基準：
　提案書はA4用紙1枚でねらい、全
体構成図、概算金額を含めること

具体的行動

　仕事を依頼するときは「作業依頼カード」などのツールを使って要
求レベルを受け手と合意しておく。

要件は３つまでに絞ると、相手の記憶に残る

●「聞いたことは忘れる。見たことは覚える」

　右ページの事例の文章を読んでみてください。内容をすぐに正確に理解できますか？　かつて報告書や提案書などは数ページにわたるものが多かったですが、それは分量があるほど立派に見えたことによるからでした。そうした文書はつくるのも読むのも大変だったわけですが、読み込まないとわからない文書は伝達ミスや理解不十分を招きやすいのです。

　古代中国から伝わる言葉に「聞いたことは忘れる。見たことは覚える。やったことはわかる」があります。これは現在でも真理だと思うのですが、つまり聞いたことは忘れやすく、見たことは記憶にとどまりがちだということです。

　そう考えると、**人に依頼や指示して動いてもらうには長々と文書や口頭で説明するのではなく、見ればすぐにわかることをメモ書きにして伝えるようにしたほうがいい**ことになります。

　確かに、人に要件を伝える場合、要点を絞って書面で伝えると確実だと言われたりします。これに従えば、**要件をせいぜい３つ程度に絞り、それを箇条書きにしたメモを渡すことではっきりと相手の脳に伝えたいことが記憶に残ります**。

[　文章が長いとポイントがわかりにくい　]

読んだあとに内容が整理できますか？

　　われわれは、自部門で使用するモノについての購買業務をまとめて行っています。

　　職場の購買業務におけるミッションは、自部門で使用するモノについて、最も適した品質のモノを、適正価格で、タイムリーに、スピーディーに、安定的に調達することです。

　　発注準備として、発注品・発注量・仕入先の選定などを行い、発注伝票を作成します。そして、仕入先に発注を行い、入荷があれば検収を行います。検収終了後は、そのモノを使用する職場や担当者に届けて実際の使用となります。これが仕事の流れです。

　　これまでは、使用者から依頼があったモノを発注し、検収で発注品と入荷品とを照らし合わせ、そのギャップから次の発注に向けた見直しを行ってきました。

具体的行動

　指示や依頼は３つ程度に絞り、その要件を箇条書きにしたメモで伝えるようにする。

相手の状況を把握してから、やるべきことを伝える

●プロジェクト的な仕事の依頼は「段階検討シート」を使う

　依頼や指示はタイムリーに行うことが仕事をスムーズに完了させるための基本です。相手のことを考えずに自分のペースで依頼や指示を行う、例えば作業の修正指示を出すタイミングが遅れると相手がすでに当初どおりの進め方で仕事を完了させてしまったら、途中からのやり直しとなり、多大な時間と労力のムダになります。依頼や指示は相手がいることが前提です。相手の状況や事情がわかったうえでタイミングよく行うことに留意します。

　依頼や指示をタイムリーに行うには「段階検討シート」を使うといいでしょう。例えば、請求処理ルールの変更指示を行う場合、最初は変更があることを認識してもらう段階が第1ステップです。この段階で変更の目的や時期などを、検討や準備に入る前に伝えます。第2ステップは変更による影響の検討段階で、それに必要な情報を伝えます。そして、第3ステップの準備段階で、準備に必要な手順などを伝えます。

　小さな依頼や指示などは口頭でも問題ないですが、プロジェクト的な仕事では進捗が確認できるツールを用意しておけば、自分だけでなく関係者が共有できるチェックリストにもなります。

［ 依頼・指示はタイムリーに行おう！ ］

> 段階を設計して良いタイミングで情報発信

段階設計シート

発信テーマ： 月次請求ルール変更の通達

	段階	発信情報	タイミング
概要情報の発信	〈変更を周知させる〉変更の目的および時期を全体に周知させる→興味を引きつける	●変更の目的 ●変更時期 ●今後のスケジュール	・7月1日：5ヶ月前（検討期間8ヶ月、準備期間1ヶ月、周知期間1ヶ月）
検討情報の発信	〈変更の影響を認識させる〉変更による影響と、自分が行うべきことをイメージさせる	●変更による影響のケース毎の事例情報 ●ケース毎の影響回避・対応のための手順の説明 ●意見・質問に対する回答情報	・8月1日 ↓：意見・質問収集 ・9月1日 ↓：意見・質問収集 ・10月1日 ↓：意見・質問収集 ・11月1日
準備情報の発信	〈移行に向けて準備させる〉移行に対応して、自分の行うべきことを計画させ、実行に移させる	●移行時の新・旧ルールの並列処理・切り替え処理の手順と帳票の配付と説明	・11月1日

変更実施日： 20XX年12月1日

具体的行動

チームワークが必要な仕事は「段階検討シート」を活用し、進捗管理のチェックリストにする。

相手の能力を知れば、適正な依頼・指示ができる

●**依頼や指示する相手の仕事能力を把握しておく**

　部下や後輩に仕事を指示したり依頼したりするとき、そのやり方や注意点を説明しますが、効率性を高めるためには指示や依頼のうえでのムダを排除して、限られた時間を有効に活かす工夫が必要です。

　指示・依頼でのムダとは、例えば次のようなことです。

　①相手が知っていることを説明するムダ

　②知っておくべきことを最初に教えないで手戻りを生むムダ

　③相手の能力以下の仕事を任せるムダ

　④相手のキャパシティを大きく超える仕事を任せるムダ

　こうしたことが起きるのは、結局のところ、メンバーや協力者の能力や力量をよく把握していないからです。メンバーのことを知らないのはそれ自体問題ですし、外部の協力者などの仕事レベルを知らずに発注することは最終的に自分につけが回ってくることになります。

　そこで大事なことは、作業指示をする前に「仕事の指示・依頼チェックリスト」をつくり、作業終了までのプロセスをイメージしておくことです。

[　基準を準備して指示や依頼を行う！　]

仕事の指示・依頼チェックリスト(例)

No	ステップ	チェック項目	チェック
1	習う準備をさせる	順番に覚えていけばよいことや覚えるまで付き合うことを伝え、スタッフの緊張を和らげる。	
2		スタッフに作業について知っていることを話させ、理解の程度を把握する。	
3		作業場所に立たせ現地現物で作業のイメージを持たせるとともに、指導者の作業動作をはっきりと見られる正しい位置につかせる。	
4	正しい作業内容を説明する。		
5	やらせてみる	すべての手順を一通りやらせて、全体的な作業手順、守るべきことなどが正しくできているかどうかをチェックする。	
6		忘れたり間違ったりしたところについて、作業手順書を見ながら手順やポイントを復唱させ、指差しさせ、作業を上手く行うためのスタッフ自身のポイントを作業手順書にメモさせ、正しい作業を再度やらせる。	
7		仕事のアウトプットの評価のポイントを実演しながら説明し、スタッフに自分の仕事のアウトプットを自分で評価させる。	
8	フォローアップする		

具体的行動

「仕事の指示・依頼チェックリスト」をつくり、作業開始時点で伝達事項のミスが起きないようにする。

要点を端的に伝えれば、相手は行動しやすくなる

●「エレベーターピッチ」を上手に使う

伝えたいことを15〜30秒以内で伝えるテクニックの「エレベーターピッチ」。アメリカのビジネスシーンで話題となり、日本でも忙しいエグゼクティブに短い時間で要点を伝える技術として知られるようになりました。この方法を報告などで使えるようになったらとても便利です。またそれ以上に、**伝えたい内容を端的にまとめて話すスキルのトレーニングに有効です。**

このトレーニング、留守番電話に用件を吹き込む要領でやると実践的です。その際のポイントは、次の2点です。

①**要点を端的に伝えること（結論）**

②**その理由となるポイントを3つ以内に絞ること**

以上についてメモ書きし、15〜30秒といった短い時間のなかで相手の関心を引く話し方を練習します。

このスキルが習得できれば、会議での発言、自己紹介や他者紹介、プレゼンでの冒頭のつかみなどに応用できます。

「仕事ができる人は話し方が9割」などと言われたりもします。**要点をシンプルに伝えることで相手も端的に理解ができ、行動にうつしやすくなります。**

［　エレベーターピッチを使ってみる！　］

エレベーターピッチのやり方

準備1 ▶「GTCメモ」をつくる

要点を簡潔に伝えるための「GTCメモ」をまず最初につくる

G：Goal（自分が望む結論）

　　　例）（上司に対して）新製品企画を承認してほしい

T：Target（相手のメリット）

　　　例）部門の売上増となる

C：Connect（自分と相手のニーズの接点）

　　　例）会社の業績に貢献できる

準備2 ▶話の構成をつくる

15秒や30秒など時間を限って要点を伝えるための話しの流れをつくる

ステップ1：つかみ（導入）

　　　例）商品戦略の課題とその解決になる企画があることを伝える

ステップ2：ポイント（提案）

　　　例）課題解決の企画アイデアのポイントを3つ示す

ステップ3：クロージング（行動喚起）

　　　例）競合が乗り出す前に意思決定することを促す

具体的行動

　要点を端的に伝えるスキル習得のために、留守番電話に用件を吹き込むような話のまとめ方と伝え方を練習する。

213

問題発生時の報告は、早く報告、迅速に対処

●報告時チェックリストを準備する

　仕事にミスはつきものです。小さなミスならその場で修正すればいいですが、**自分ではカバーできないミスは、上司や関連部門に「早く報告」と「迅速に対処」が基本です。**この基本がわかっていないと、不適切な報告になりかねません。

　不適切な報告の代表に、「事実を報告しないこと」があります。自分の推測や考えを事実のように報告してしまうものです。「大丈夫だろう」「問題にはならないだろう」と勝手に解釈した報告だと報告を受けた人は正しい対処ができず、逆に問題を大きくしかねません。報告や連絡すべき相手が違う、報告までに時間がかかり過ぎている、報告内容にヌケやモレがある……こうした不適切さや不備はミスの修正が遅れる元凶です。

　何か問題が起きたときに速やかに対処するには、緊急時対応のルールや対処法の標語化などを事前に準備しておくと安心です。例えば、「報告時チェックリスト」などをつくり、手帳などに記しておきます。職場内で共有するなら、皆が見えるところにチェックリストを貼っておけば、いざというときに使えるだけでなく、「ホウレンソウ」の意識づくりにもなります。

[報告はスピードが命！]

仕事の報告の基本

1	先に結論を述べる。要因や経緯は後から説明する。
2	報告は、何か変化したタイミングにする。悪い報告ほど早く！
3	事実と意見は区別する。
4	結果 − 要因 − 対応の関係を説明する。
5	経過の報告をしない。

問題発生時の報告をモレなく伝える5W1H

5W1Hを使って、報告事項を整理する

What	何が起きたのか？	✓
When	いつ起きたのか？	✓
Where	どこで起きたのか？	✓
Why	なぜ起きたのか？	✓
Who	当事者は誰か？	✓
How	どのように対応するか？	✓

具体的行動

　問題が起きたとき用に「早く報告」「迅速に対処」を実践するための「報告時チェックリスト」をつくっておく。

後任者が質問しながら、引継書をつくる

●引継ぎは後任者のために行うこと

　異動や退職などの際の業務の引継ぎは手順に沿って後任者が前任者に付きっきりで行えば安心ですが、ある程度の期間を要することになります。ダンドリ上手を目指すなら、ここは効率的に行いましょう。

　そこでやってみてほしいのが、通常とは逆の方法です。**引継ぎは前任者が手順書をもとに説明するのが一般的ですが、効率的に行うには後任者が前任者に質問しながら手順書をつくります。**

　引継ぎというとその業務に精通した人が自己流も含めて次の人に渡していく感じになりますが、特殊なやり方の方法であるほど後任者には伝わりにくく時間がかかります。

　そこで、後任者が引継ぎ手順書をつくるのです。**前任者が箇条書きした引継ぎ業務について、「目的」「アウトプット」「注意点」を中心に後任者が前任者に質問しながら業務内容を具体的に書いていきます。**こうすることで後任者は引継ぎ内容を早く深く理解でき、前任者も要点を書き出すだけで時間の節約になります。

　そもそも引継ぎの主体は前任者ではなく後任者です。よって、後任者を基準にして引継ぎは行われるべきです。

[　逆転の発想の引継ぎ法　]

引継ぎ者

- 業務の目的・アウトプットを明確にする
- 業務の流れを図にする（フローチャートなど）
- 中間物も含めてアウトプットの事例を用意する
- 業務をやりながら説明をする
- イレギュラーを文書にして示す

被引継ぎ者

- 業務の目的・アウトプットの理解を先にする
- 業務の流れ図を自分で書き直す
- イレギュラーをしつこく質問する
- 自分でやってみて戸惑いポイントを書き出して質問する
- 判断基準を明文化する

■具体的行動

　前任者が引き継ぐ業務の項目を箇条書きしたら、それらについて後任者が具体的な業務内容を質問しながら手順書をつくる。

「仮・議事録」での進行で、討議と議事録が同時にできる

●ムダな会議をなくせば必要な会議に焦点が当たる

ムダの象徴としてよく槍玉に上がるのが会議です。

・関係ない意見や質問に時間を浪費させられる会議

・議題から大きく外れ、本題の討議がなされなかった会議

・報告だけで議論がない会議

このような会議は単なる時間のムダです。**誰もがムダと感じる会議に共通するのが、議題とずれた討議です。**とくに議題の主旨があいまいだと個人的な感想や質問が増え、結論にいたるまで余計な時間を費やします。何のための会議なのか、討議時間を設定しているのにそれをオーバーするのはなぜなのか、まじめに会議に出ている人はウンザリしてきます。

仕事時間をもっと効率的に使うには、ムダな会議は即刻廃止し、必要な会議は極力短時間で終わらせるようにします。

効率的に会議を進めるには、議題を表題にした「仮・議事録」を用意し、これを進行表として使います。例えば、共有すべき報告事項はまとめて読めばいいだけにしておき、その日の議事のタイトルの下を空欄にし、擬似が進行したら討議内容と結果をその空欄に書き入れていきます。進行と議事録作成が一石二鳥です。

[　仮・議事録で会議を効率化する！　]

効率会議の進め方

仮・議事録の準備

仮・議事録を参加者がオンラインで共有

仮・議事録の議事の順に会議進行

仮・議事録に決定事項を随時上書き

会議終了時に議事録を全員で確認

確認後、データで配付

正規の議事録として管理者が保管

具体的行動

　いまある会議の意味を考え、ムダだと思うものは廃止の提案をし、必要な会議は効率化できる方法を考えてみる。

自分から異動先を提案し、仕事領域を拡大させる

●成長のための人事異動の考え方

　人事異動は受け身的になりがちですが、**スキルを高めるため戦略的に異動を申し出ることに挑戦してみてはどうでしょうか。**自分を成長させるには、どのような職務経験を積むべきかを考え、仕事の担当替えや所属の変更願いをしてみるということです。

　ここでは、3つの視点から戦略的ローテーション計画を提案します。

　①次プロセスへの変更・異動イメージ

　次プロセスとは、受け手となる下流工程側の仕事のこと。これまでの職務を活かして、今度は受け手の立場となって仕事の流れをつかむことで事業感覚が磨かれる。

　②対極への変更・異動イメージ

　生産から販売へなどこれまでとは反対側に立つことで、それまで常識と思っていたことが違う視点から見えるようになり、対極側にいる人の気持ちが理解できるようになる。

　③横展開への変更・異動イメージ

　自分のこれまでの職務経験がさらに拡大できる領域。付加価値の高い業務のやり方に変われる期待が高まる。

[　スキルアップのための戦略的ローテーション　]

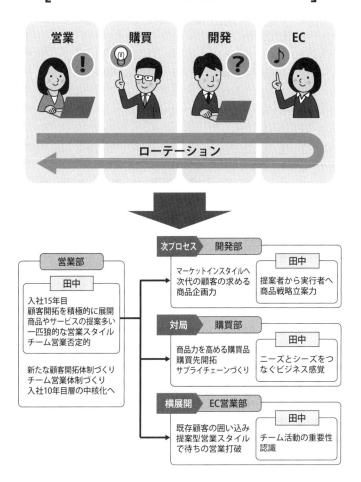

具体的行動

　これまでの経験を活かしながら、さらに自己成長するために必要な経験ができる職務を自らダンドる。

松井順一（まつい じゅんいち）
コンサルソーシング株式会社代表取締役。中小企業診断士、システムアナリスト、情報システム監査技術者。
アイシン精機株式会社にてABS等の新製品開発に従事。微小洩れ測定法開発にて科学技術長官賞を受賞。その後、社団法人中部産業連盟、トーマツコンサルティング株式会社、現職にて、トヨタ生産方式ベースの営業・管理間接・開発・サービス業務改善、製造ライン構築・現場改善、5S、目で見る管理、経営戦略のコンサルティングを行う。現地現物での実践重視の人づくりに定評がある。著書に『オフィスの業務改善100の法則』『実践 問題解決最強ツール37』『仕事の見える化99のしかけ』『仕事のミスをなくす99のしかけ』（日本能率協会マネジメントセンター）、『職場のかんばん方式トヨタ流改善術ストア管理』『職場のかんばん方式2 トヨタ式人づくり改善塾』（日経BP社）などがある。

佐久間陽子（さくま ようこ）
コンサルソーシング株式会社コンサルタント。
教育系出版社にて、営業、事業戦略企画・管理、研修企画・運営等に従事。その後、教育サービス会社にて、校舎・講師マネジメント、指導等に従事。現職では、TPSベースの人づくりと5S・目で見る管理等の管理間接業務改善、改善ツール開発、事業戦略企画・管理、方針管理、次期経営幹部養成等のコンサルティング、研修を行う。eラーニングコンテンツ開発も行う。著書に『オフィスの業務改善100の法則』『仕事の見える化99のしかけ』『営業の見える化99のしかけ』『オフィスの業務改善99のしかけ』（日本能率協会マネジメントセンター）がある。

ダンドリ倍速仕事術 100 の法則

2021 年 1 月 30 日　初版第 1 刷発行

著　者——松井順一　佐久間陽子　© 2021 Junichi Matsui, Yoko Sakuma
発行者——張 士洛
発行所——日本能率協会マネジメントセンター
〒 103-6009 東京都中央区日本橋 2-7-1　東京日本橋タワー

TEL 03(6362)4339(編集)／ 03(6362)4558(販売)
FAX 03(3272)8128(編集)／ 03(3272)8127(販売)
http://www.jmam.co.jp/

装　丁——冨澤 崇 (EBranch)
本文 DTP——株式会社森の印刷屋
印刷所———広研印刷株式会社
製本所———ナショナル製本協同組合

ISBN 978-4-8207-2868-9　C2034
落丁・乱丁はおとりかえします。
PRINTED IN JAPAN